세월의 강물, 법향으로 흐르다
1

불연으로 맺은
서른여섯 큰스님들과의 인연 이야기

일러두기

※ 이 책에 수록된 모든 사진은 저자로부터 제공받은 것입니다.
※ 본문 중 일부 방언이나 옛말은 현재의 규범 표기를 따르는 대신 저자의 표현 그대로 실었습니다.

세월의 강물,
법향으로 흐르다 1

불연으로 맺은
서른여섯 큰스님들과의
인연 이야기

대원성 이정옥 지음

담앤북스

출간 축하 휘호

대한불교조계종 종정 **중봉 성파** 대종사

추천서
불법의 향기에 젖어들다

팔십 평생을 부처님 가르침 속에 살아오신 대원성 보살님의 책 『세월의 강물, 법향으로 흐르다』의 발간을 진심으로 축하드립니다. 이 책은 단순히 한 개인의 회고록을 넘어, 시대를 관통하여 한국 불교의 큰스님들과 함께 호흡해 온 대원성 보살님의 깊은 신심과 삶의 지혜가 오롯이 담겨 있는 책입니다.

대원성 보살님께서 만나셨던 큰스님들과의 인연은 참으로 귀합니다. 그 만남 속에서 피어난 감동과 깨달음의 순간들은 마치 오랜 친구와 담소를 나누듯 따뜻하고 정감 어린 문체로 우리에게 다가옵니다. 책장을 넘길수록 우리는 보살님의 눈을 통해 큰스님들의 자비로운 가르침과 인간적인 면모를 생생하게 마주하게 됩니다. 때로는 엄격한 가르침 속에서 진리를 발견하고, 때로는 따뜻한 격려 속에서 위안을 얻으며 독자들은 자연스럽게 불법의 향기에 젖어들 것입니다.

이 책은 또한 불자로서 한 생을 살아가는 동안 겪게 되는 수많은 번뇌와 고난 속에서도 흔들림 없이 정진해 온 한 불자의 숭고한 삶을 보여 줍니다. 팔십 평생 쌓아 올린 신심과 지혜는 이 책을 통해 우리에게 큰 울림을 선사하며 삶의 의미와 방향에 대해 다시 한번 깊이 성찰하게 만듭니다.

대원성 보살님께서 삶의 여정에서 큰스님들과 함께 쌓아 올린 소중한 추억과 감동은 이 시대를 살아가는 우리 불자들에게 큰 위안과 지침이 될 것입니다. 이 책을 읽는 모든 분들이 대원성 보살님의 글 속에서 부처님의 지혜와 자비를 느끼고 삶의 진정한 행복을 찾아가는 데 도움이 되기를 간절히 바랍니다.

불기 2569(2025)년
대한불교조계종 총무원장
진우 합장

추천서
스님들의 한 말씀이 씨앗이 되다

한 방울의 물이 영원히 마르지 않는 길은 바다에 도달하는 것입니다. 여기 부처님의 마음 바다를 향하여 쉼 없이 걸어가신 서른여섯 스님들과의 인연담이 있습니다. 청신녀로서 한평생 변함없는 불자의 길을 걸으며 맺어 놓은 소중한 인연이 한 권의 책이 되었습니다.

스님마다 가풍에 따라서, 어리석은 꿈에서 빨리 깨어나라고 경책해 주시는 스님, 중생들의 손을 잡고 같이 보조를 맞추며 걸어가시는 스님, 찬 서리 내리는 가을날 체로금풍體露金風 같은 어른도, 봄바람처럼 부드러운 자비 보살도 보입니다. 오직 중생들의 행복과 안락을 위하여 이 땅에 오신 부처님은 연기공성緣起空性을 깨달으신 위없는 대진리, 그 마음에 등불을 면면히 이어 오신 스님들의 소소한 일상의 이야기를 담았습니다.

남과 비교하고 경쟁하는 그 마음 잠시 내려놓고 자신의 소리에 귀 기울여 들어 보라고 조용히 일러 주시던 스님 한 분 한 분과의 인연 이야기를 읽어 보면서 자신의 삶을, 자신의 소리를 들어 보는 계기가 된다면 읽은 보람이 있으리라 믿습니다.

"눈이 온 들길을 걷는 나그네여, 감정 따라 함부로 걷지 말라. 오늘 그대의 발자취는 훗날 후인의 이정표가 되나니." 세심하게 일러 주시던 큰스님들의 말씀이 지금도 곁에서 들리는 듯합니다. 연기공성에서 보면 오랜 세월이 지나도 지금 이 자리요, 영겁에 이어져도 현존일념現存一念이니까요.

그러한 시절인연이 나와 만날 때 우리들의 마음 밭에는 스님들 한마디 한 말씀이 아름다운 씨앗이 되어 심어지는 시간이 됩니다. 한 생각 쓰는 그대로 꽃이 피고 열매 맺는 현실의 삶입니다. 이러한 인연 이야기를 읽으면서 지난날의 추억을 함께 공유하는 시간이 되었으면 좋겠습니다. 다시는 그때 그 어른스님들을 뵐 수 없을진대 『세월의 강물, 법향으로 흐르다』이 한 권의 책 속에서 큰스님들을 친견하는 마음으로 자세히 읽어 볼 생각입니다.

나도 없고 남도 없을 때 어떨까요?
대나무 그림자 뜰을 쓸어도 먼지 하나 일어나지 않고,
달이 연못에 투과해 들었어도 물결 하나 일지 않는다.
나무 마하 반야 바라밀.

불기 2569(2025)년
석종사 회주
혜국 합장

추천서
불자가 가는 길에 친절한 담소가 되길

대원성 보살님은 지난날 큰스님들과 많은 시간을 보내면서 그때의 순간들을 감사하고 소중하게 간직해 왔습니다. 단순한 만남이 아닌 오랫동안 빛이 되는 인연을 만들어 내었습니다. 스님들의 법문과 가르침, 그리고 차 한잔을 마시더라도 그 순간에 담겨 있는 의미를 소중히 여기고, 겸허하게 스스로의 마음속에 차곡차곡 재산으로 쌓아 왔습니다.

이러한 믿음과 신심은 불자라는 자부심으로 신행 활동에 동력이 되어 다양한 생활불교 현장에서 실천하는 모범을 보여 주었습니다. 오랜 세월이 흐르는 동안에도 한결같이 불법 홍포弘布에 솔선수범의 삶을 보여 준 참된 불자의 모습은 지금도 멈추지 않은 원력이었습니다.

대원성 불자님과는 일타 큰스님과의 인연으로 아주 오랜 옛적부터 알아 왔지만, 그때나 지금이나 한결같이 겸손하고 부지런하며 굳건한 신심을 보아 왔습니다. 언제나 "꼭 해야 할 일을 했을 뿐이다."라고 하시는 자신감은 대단한 성취로 비춰졌습니다. 세상을 살아오면서 부처님 품속에서 살아온 인연이 최고의 선물이었다고 스스로 자부심을 가질 만큼 당당한 모습에 자랑스러운 불자라고 기억하고 있습니다.

결혼하여 신혼 때부터 지금까지 하루도 거르지 않고 집에 모셔진 작은 불단에서 예불하고 사경하는 대원성 보살님이 팔십 인생을 정리하면서 『세월의 강물, 법향으로 흐르다』를 책으로 남겨, 그때 뵙지 못했던 큰스님들과의 일화를 더 많은 불자님들에게 선물처럼 들려드리기 위해 발간한다고 하니, 반가운 뜻을 담아 추천의 글을 올립니다.

책의 이야기는 진솔하고도 담백한 큰스님들의 법의 향기가 고요한 울림이 되고 따뜻한 담소가 되어 큰 감동의 물결로 다가올 것이라 믿습니다. 다시 한번 축하를 전하며, 친절한 수행의 길목에서 남겨지는 안내서가 되길 기원합니다.

불기 2569(2025)년
학교법인 동국대학교 이사장
돈관 합장

추천서
책 속에서 선지식을 만나다

　범어사의 계곡물이 시원히 흐르고 있습니다. 보이는 이 모든 자연은 늘 변화하고 있으며, 보이는 그대로 법문으로 들립니다. 이 흐름의 시간들을 놓치지 않고 글로 남기고 사진으로 담아 스스로 즐거운 법문으로 간직하고 계시는 대원성 보살님은 무엇 하나도 스쳐보지 않고 모든 것을 소중하게 보고 느끼며 사랑으로 안아 주는 마음을 가지신 분입니다. 그 착한 보살의 행이 아름다워 보였습니다.

　지난날 여러 큰스님들과의 친견에서 보고 느꼈던 것들과 스님들의 손짓 발짓까지 하나도 놓치지 않고 소중히 간직하며 팔십 평생을 살아오셨으니, 그 큰스님들의 수행을 어찌 닮지 않았을까요? 대원성 보살님은 이 모두를 자신의 재산으로 안고 추억하며 살아온 세월 동안, 그리움을 온통 은혜에 담아 한순간도 함부로 살지 않았던 원력 보살로 마침내 보물 창고를 열어 책으로 발간하게 되었다니 반갑기 그지없습니다.

　하마터면 묻혀 버릴 수도 있었던 큰스님들의 주옥같은 법문들을 세상에 빛으로 다시 밝혀 줄 소중한 이야기들입니다. 옛 어른

스님들의 수행과 인간적인 면모와 덕목을 가까이 느껴 볼 수 있는 대원성 보살님의 글이 우리 불자들에게는 큰 기대이고 훌륭한 지침서가 되리라 믿습니다. 그냥 글이 아니고 살아 있는 역사이기 때문입니다.

저희 큰 어른스님들은 살아 계셨던 우리들의 부처님이셨습니다. 가까이 뵐 수 없었던 그때 그 어른스님들의 원력 보살의 삶과 모습을 대원성 보살님께서 고스란히 간직해 온 추억의 이야기를 통해, 다시금 옛 큰스님들을 친견할 수 있는 기회가 될 것이고 함께 자리하는 법회의 장場이 될 것이라 생각됩니다.

대원성 보살님은 한약방을 하셨던 아버지의 신심을 이어받아 한 번도 이탈됨이 없이 오롯이 부처님 회상에서 많은 모임을 창립한 원력 보살입니다. 하루 일과를 사경으로 시작하며, 살면서 느꼈던 일들을 책으로 연재하고 그림도 그리면서 다양한 취미와 소질 모두 불자다운 삶을 보여 주는 모범 불자입니다. 거듭 『세월의 강물, 법향으로 흐르다』의 발간에 진심으로 축하를 보냅니다.

불기 2569(2025)년
금정총림 범어사 방장
정여 합장

추천서
부처님 품속에서 살아온 공덕의 삶

　내가 대원성 보살을 처음 만난 때는 1968년 봄이었던 것으로 기억한다. 어느 날 일타 큰스님을 따라 감로사에 왔을 때였다. 그날부터 대원성 보살이 백 일간 새벽 기도를 다니는 모습을 보았었다. 그때는 큰스님 인연으로 왔었고 나는 20대의 젊은 스님이었으니 나와는 말을 할 기회가 없었는데, 우리 보경 은사스님께서 기도 오는 처녀가 기특하다며 전날 재에 올렸던 떡이며 과일 등 맛난 것을 챙겨 두었다가 전하기도 하셨으니 큰스님들의 사랑을 받았던 아가씨였다.

　그 후 대원성 보살이 결혼을 하여 가정을 꾸리고 살면서 집에다 작은 불단을 꾸며 놓고 열심히 기도한다더니, 1977년 30대 주부들을 모아 연꽃모임이라는 신행 단체를 만들어 나타났다. 그때부터 부산의 불교 행사 때마다 신도회 부회장이었던 대원성을 만나게 된 인연이었다. 언젠가 나는 자운 큰스님을 모시고 대원성 보살의 집에 초대되어 간 일도 있었다.

　부산에서 불교 행사 때마다 열심히 동참하던 대원성 보살과는 누구보다 일찍 알았다는 이유로 남다른 감회가 있었던 시절인연이었다. 이제는 어언 80세를 넘긴 노인의 자리까지 함께 왔는데, 그동안 대원성 보살과 많은 큰스님들과의 인연 이야기는 이미 다 외울 만큼 나 역시 잘 알고 있는 사실이며, 신문으로도 연재되었던 이야기다. 지난날 직접 체험하고 큰스님들을 가까이에서 모셔 왔던 일화들을 책으로 세상에 남기게 된다니 축하의 박수를 보낸다.

그동안 일생을 오직 부처님 품속에서만 살아온 대원성 보살의 이야기는 많은 불자들에게 감명 깊은 추억으로 함께 느껴 볼 수 있는 아름다운 이야기가 되리라 믿는다. 대원성 보살의 행적에는 비단 연꽃모임만이 있는 것이 아니라 보현봉사회, 군법당 후원회, 공림공양회, 내생장학회 등 많은 단체를 만들어 포교에 남다른 관심과 정성으로 회원들을 관리해 왔다. 그뿐만 아니라 금강경과 부모은중경 한글 사경으로 책을 만들어 수만 권을 전국에 법보시하였고 또한 능엄경 사경을 각처에 보급한 신심은 일생 동안 공덕의 삶을 살았음을 보여 준다.

이번에 발간되는 이 책이 많은 불자들에게 큰 울림이 되고 신심에 큰 보탬이 되길 바라면서 거듭 축하를 올리는 바이다.

불기 2569(2025)년

감로사 회주

혜총 합장

추천서

역사를 만드는 보살행의 아름다움

역사는 기록으로만 존재합니다.
따라서 역사보다 중요한 것은 기록입니다.
아무리 화려한 역사나 사실이 존재했다 하더라도
기록으로 그 흔적을 정리하여 남기지 않는다면
한순간 존재했다 사라지는 연기처럼 공허할 뿐입니다.

여기 대원성 보살님은 희미해져 가는 큰스님들과의
소중한 인연들을 간결하고 명확한 필체로
비로소 역사를 만드는 이 시대의 선지식입니다.

어느덧 보살님과의 인연도 30여 성상星霜을 헤아리는데
오직 부처님을 향한 지극한 신심과
이웃에게로 회향되는 자비심의 시간들은
그대로 보살행의 아름다움이었으며
삶을 회향하듯 써 내려간 큰스님들과의 법담은
이제 역사가 되었습니다.

이것이야말로

대자대비의 결실이며

원만구족의 삶을 보여 주는 보살행이며

성불을 향한 불자의 삶이 아니고 무엇이겠습니까?

이대로의 보살행이 남은 삶에도 계속 이어져

대원각으로 가득한 세상이 되고

원하는 바대로 온 국토가 부처님 나라가 되는 원력이

성취되시기를 진심으로 기도합니다.

이제 대원성 보살님께 간절히 바라노니

대자유인이 되어 천수를 누리시고 모든 일들이 다 이루어지는

원력 보살로 금생을 회향하시기를 부처님 전에 발원합니다.

성불하십시오.

아미타불.

불기 2569(2025)년

홍법사 주지

심산 합장

추천서
귀하고 소중한 인연

    우리는 삶의 여정에서 수많은 인연들과 만나고 헤어진다. 어떤 인연은 잠시 만났다 멀어져 가고, 어떤 인연은 오래오래 만남이 이어진다. 또 어떤 인연은 만남이 즐겁고 편안하다. 그중 어떤 인연은 가벼운 일상의 인연이 되고, 또 다른 인연은 귀하고 소중한 인연이 된다. 귀하고 소중한 인연은 만날수록 편안하고 즐거우며 오래오래 이어지길 바라게 된다.

    이번 생에서 이러한 귀하고 소중한 인연이 바로 대원성 보살님과의 인연이다. 지난 20여 년 동안 도심 포교를 해 오면서 불교와 관련된 많은 신행 단체들과 불자님들을 만나고 함께 인연을 맺어 왔다. 다른 지역 불자님들과 달리 부산에는 특별히 소속된 사찰이 없는 재가 신행 단체가 유독 많았다. 그래서 그 시작과 이유가 궁금하여 관심을 가지고 알아보니, 대원성 보살님께서 창립한 '연꽃모임'이 그 효시임을 알 수 있었다.

    많은 분들이 이구동성으로 대원성 보살님의 신심과 원력, 연꽃모임의 활동 등을 전설처럼 이야기하기에, 대원성 보살님께서 이미 돌아가신 분이라고 생각하고 직접 뵙지 못한 아쉬움을 가지고 있었다. 그러던 중에 어느 불교 행사에 참석했다가 한 불교계 지인으로부터 대원성 보살님을 소개받았다. 처음에는 동명이인인가 싶어서 내가 알고 있는 그 보살님인지 재차 물으니 맞다고 해서 너무 놀라며 환희심과 감사함에 "반갑습니다"를 연발했던 기억이 새롭다.

그날 이후 인연이 깊어져 내가 선우용녀 보살님과 함께 진행하던 BTN 불교TV의 <BTN 신행담 가피>라는 프로그램에 초대도 했다. 몇 년 전에는 보살님께서 출간하신 신행과 전법 이야기 『바라밀 일기』라는 책을 통하여 보살님의 신행과 원력의 모습을 보다 상세하게 알 수 있었다. 그 내용이 너무 좋아서 보살님께 대광명사 월간 회보『아름다운 인연』에 기고를 부탁드렸고, 2017년부터 지금까지 연재해 오고 계신다. 물론 대광명사 불자님들이 가장 좋아하고 인기 있는 코너가 되었다.

더구나 성철 큰스님, 일타 큰스님, 자운 큰스님, 법정 큰스님 등 이미 입적하신 큰스님들과의 일화를 지면을 통해서 보거나 직접 보살님께 들을 때면 나도 모르게 감탄과 환희심이 저절로 나고 스스로의 신심과 원력을 돌아보게 한다. 큰스님들께서 가르쳐 주신 지혜의 향기가 대원성 보살님의 신심과 기도 원력을 통하여 이어짐을 알 수 있었다. 직접 뵙고 가르침을 받고 싶었지만 인연과 기회가 없었던 선지식들의 법향을 느낄 수 있어 나에게는 큰

기쁨이 되었다.

  이러한 귀한 인연담을 모아 『세월의 강물, 법향으로 흐르다』라는 제목으로 단행본을 출간하신다고 하니 참으로 고맙고 감사한 일이다. 이 시대 많은 불자님들에게 보리심과 보리행의 귀감이 될 뿐만 아니라 아뇩다라삼먁삼보리를 깨달아 해탈과 열반의 길로 나아감에 내비게이션이 될 것이다.

  이대원성 보살님과의 지극하고 귀한 인연이 어디 이번 생뿐이랴. 아마 다생의 원력이요, 인연이었을 것이다. 참으로 우리 모두 성불하는 그날까지 이 인연이 이어지길 발원해 본다.

  다시 한번 『세월의 강물, 법향으로 흐르다』의 출간에 마음을 다해 환희와 축하를 보냅니다. 축하드립니다.

불기 2569(2025)년
대광명사 주지
목종 합장

추천서
지혜로운 보살의 아름다운 인연 만들기

인연을 맺기는 쉽다. 좋은 인연이든 좋지 않은 인연이든 무수한 인연들을 지으며 살아간다. 하지만 늘 아름다운 인연으로 만들어 가기란 쉽지 않다. 그런데 일생을 살면서 맺은 모든 인연을 아름답게 회향하는 지혜 가득한 보살이 있다. 30년이 넘는 세월을 인연 맺고 살아오면서 단 한 번도 언짢은 기분이 들지 않은 인연이 바로 대원성 불자님과의 인연이다.

『세월의 강물, 법향으로 흐르다』를 보고 알았다. 보살님은 나뿐만 아니라 어느 누구와도 척지지 않는 인연의 고리를 이으며 살았다는 것을. 만남의 인연을 아름답게 꾸미고 그 만남에서 부처님의 가르침을 일구어 내어 법의 향기 가득한 세월의 강물을 도도하게 흘려보내는 보살의 지혜로운 삶이 너무나 잘 그려져 있다. 수많은 스님들과의 만남을 아름다운 인연으로, 행복한 추억으로 엮어 온 이야기는 우리 불자들에게 또 다른 한 권의 생활경전 같은 고귀한 선물이 될 것이라고 생각된다.

인연을 챙기기란 정말 쉬운 일이 아니다. 세월이 흘러 생각해 보면 소중했던 인연들을 너무나 쉽게 놓쳐 버리고 살고 있다. 참 좋고 소중한 사람이라고 생각하고서도 쉬이 잊힌 듯 살아가는 일들이 하나둘이 아니다. 이 책은 점점이 흩어지는 인연의 씨앗들을 아름답게 엮어서 삶의 자양분으로 만들고 한번 맺은 인연에서 찾아낸 지혜를 인생의 지남指南으로 삼아 나날이 더욱 지혜롭게 살아온 불자의 이야기다. 당신의 인생길에서 만난 큰스님들과의 인연을 어제같이 생생히 기억하는 것도 신비롭다. 그토록 생생히 기억하는 것은 스스로 그 만남에서 삶의 자양분을 이끌어 내며 살았기 때문일 것이다. 또한 모든 만남에서 승보僧寶를 향한 한없는 존경심과 깊은 신심을 한순간도 놓치지 않아 참으로 놀랍다.

이 글들은 노보살의 지난날 추억 이야기가 아니라 소중히 간직한 자신만의 보석 상자다. 이제 우리에게 그 빛나는 보석들을 아낌없이 보시해 주었다. 만남에서 스스로 발견한 큰스님의 가르침으로 삶의 환희심을 촉발하고 이제 그 감출 수 없는 기쁨을 모든 이들에게 전하여 공유하고 싶어 하는 애절함에서 우리는 보살님의 가득한 자비심을 느낀다.

언제 어디서 만나도 불법과 스님과 아름다운 신행 활동의 이야기로 꽃피우시는 보살님의 삶 그 자체가 더없이 환희로운 도량처럼 느껴지곤 했다. 이제 다시 책을 읽는 동안 우리 곁에 머물러 있는 선지식들과 함께 구도의 길을 나서는 구법 선재동자가 될 것만 같다.

대원성 보살님의 글들은 우리들에게 아스라한 우주 저 멀리서 내려와 우리의 눈빛에 닿아 인연 지어지는 별빛처럼 잠시 한눈팔면 잃어버릴지도 모를 소중한 인연들을 찾아 주는 멋진 이정표가 될 것이다. 다시 한번 보살님과의 소중하고 유쾌한 인연에 깊이 감사한 마음을 전해 본다.

불기 2569(2025)년
대한불교조계종 총무원 문화부장
성원 합장

책을 펴내며

불연佛緣으로 살아온 삶의 보배

세월의 강물 따라 어언 팔십 고개를 넘어 여기까지 살아온 제가 인생 회향의 길목에서 책을 펴내기까지는 너무나 많은 고민이 있었습니다. 그러다 어느 날 제 가슴속에 큰 보배가 담겨 있음을 느끼게 되었고, 이 보배 창고를 열어 지금은 뵐 수 없는 큰스님들과의 이야기를 공유함으로써 많은 이들에게 깊은 신심과 환희를 전하는 한편, 큰스님들의 은혜에 조금이나마 보답하고자 『세월의 강물, 법향으로 흐르다』라는 제목으로 감히 두 권의 책을 출간하게 되었습니다.

형편이 넉넉지 않았던 젊은 시절, 공무원의 아내로서 네 자녀를 키우며 신행 단체를 만들고 이끌어 오느라 참 분주하게 살아왔습니다. 돌아보면 실수와 후회도 많았지만, 감사하게도 부처님의 가호加護와 가피加被가 늘 제 곁을 지켜 주셨기에 가능했던 은혜로운 삶이었다고 믿습니다.

지난날 큰스님들과의 인연으로 바른 신심을 배우고 수행의 가치를 알게 되었을 때, 제게는 세상이 온통 아름답고 희망으로 가득했으니 마음만은 언제나 부자로 살 수 있었으며 불자라는 긍지를 가지고 늘 당당한 모습일 수 있었습니다. 여러 큰스님들과의 인연과 추억은 저의 삶과 신심에 큰 힘이 되어 주었고, 평생을 부처님 품속에서 행복한 불자로 살게 해 주신 은혜이자 가피였습니다. 그러므로 저에게 큰스님들과의 인연은 단순한 시절인연이 아니었습니다.

옛날에는 큰스님들을 친견하는 일이 쉽지 않았기에 스님들의 옷자락만 살짝 스쳐도 은혜인 줄 알고, 한 끼의 공양을 올리는 일도 큰 복전福田으로 여겼는데, 무엇 하나 잘하지도 못했던 제가 큰스님들을 친견하며 공양도 청하여 올리고 차담으로 값진 법문도 들을 수 있었으니 제 모든 삶이 가피였습니다.

세월이 흘러 그때 그 시절 어른스님들께서 모두 열반에 드시어 지금은 찾아뵐 수가 없지만, 제 가슴속에는 큰스님들의 옛 모습과 흔적들이 지워지지 않은 채 소중한 그리움으로 남아 있습니다. 그 그리움이 부디 헛되지 않은 보람이 되길 바라며, 제게 가르침을 주신 어른스님들의 향훈을 많은 이들과 함께 나눌 수 있게 되기를 삼보 전에 합장 예경하며 고하옵니다.

아울러 이 책의 출간을 축하해 주신 대한불교조계종 종정 중봉 성파 큰스님과 흔쾌히 추천서를 써 주신 조계종 총무원장 진우 큰스님, 석종사 회주 혜국 큰스님, 동국대학교 이사장 돈관 큰스님, 범어사 방장 정여 큰스님, 감로사 회주 혜총 큰스님, 홍법사 주지 심산 큰스님, 조계종 총무원 문화부장 성원 큰스님의 따뜻한 격려에 큰 힘을 얻게 되었습니다.

  또한 저에게 항상 관심과 배려를 아끼지 않으시는 대광명사 주지 목종 스님의 은혜 덕분에 오늘날 이 책을 펴낼 수 있게 되어 무량한 감사의 마음을 전합니다. 끝으로, 한평생 부부의 연으로 살아오며 곁에서 늘 힘이 되어 준 남편 노성원 님께 고마운 마음을 전해 봅니다. 감사합니다.

불기 2569(2025)년 12월

대원성 이정옥 합장

차례

04 　대한불교조계종 종정 중봉 성파 대종사 휘호

추천서
06 　대한불교조계종 총무원장 진우 스님
08 　석종사 회주 혜국 스님
10 　학교법인 동국대학교 이사장 돈관 스님
12 　금정총림 범어사 방장 정여 스님
14 　감로사 회주 혜총 스님
16 　홍법사 주지 심산 스님
18 　대광명사 주지 목종 스님
21 　대한불교조계종 총무원 문화부장 성원 스님

24 　책을 펴내며

세월의 강물, 법향으로 흐르다

32 　청담 큰스님 ｜ 큰스님께 경옥고 공양을 올리다
35 　경봉 큰스님 ｜ 잊을 수 없는 화두법문
40 　고암 큰스님 ｜ 자비보살로 나투신 큰스님
53 　운허 큰스님 ｜ 서신에 담긴 스님의 따뜻한 마음
58 　자운 큰스님 ｜ 스님들의 두터운 정
60 　성철 큰스님 ｜ 회초리처럼 따끔한 경책의 말씀
64 　석암 큰스님 ｜ 약속과 배려를 몸소 가르쳐 주시다
67 　구산 큰스님 ｜ 국수를 보면 떠오르는 스님의 미소
71 　숭산 큰스님 ｜ 스님의 흔적을 좇아 온 수행자들
76 　일타 큰스님 ｜ 참불자의 길을 일러 주신 나의 스승님
107 　법정 큰스님 ｜ 삶이 곧 수행임을 보여 주시다

122	지관 큰스님	시간의 소중함을 일깨워 주신 스님
128	법전 큰스님	홍시를 보면 스님이 생각난다
130	혜암 큰스님	성의와 예의의 중요성을 배우다
133	월하 큰스님	수미산에서는 수미산을 볼 수 없다는 가르침
136	보성 큰스님	스님께서 손수 까 주신 잣
142	경우 큰스님	아버지의 오랜 바둑 친구셨던 스님
146	혜정 큰스님	스님께 공양 올리는 인연의 소중함
148	법화 큰스님	내게 복 지을 기회를 주신 스님
157	통광 큰스님	고로쇠 물에 얽힌 재미있는 추억
160	철웅 큰스님	유쾌하고 명쾌한 스님의 법문
164	광덕 큰스님	아들에게 스님의 가르침을 전하다
167	보경 큰스님	은혜를 받기만 했던 지난날
172	석정 큰스님	티끌만큼의 욕심도 없던 삶
178	진철 큰스님	보시의 참뜻을 가르쳐 주시다
183	종원 큰스님	일생 동안 오직 불사에만 전념하시다
191	혜원 큰스님	작은 은혜도 잊지 않으신 스님
195	거해 큰스님	위빠사나 수행에 앞장선 스님
205	혜업 큰스님	아란야사에서의 웃음 가득했던 추억
211	혜인 큰스님	가족 같았던 스님과의 인연
224	관조 큰스님	집착 없는 수행자의 삶
228	정관 큰스님	종교를 초월한 스님의 원력
233	묘찬 큰스님과 도의 큰스님	효심과 기도 공덕을 깨우쳐 주신 스님들
240	정일 큰스님	신도들을 따뜻하게 품어 주시다
245	혜거 큰스님	스님과 함께한 영광의 순간

세월의 강물,

법향으로 흐르다

청담 큰스님

큰스님께 경옥고 공양을 올리다

지금으로부터 60여 년 전 이야기다. 청담 큰스님께서 부산 대각사에 법문하러 오신 날이었다. 명초당 한약방을 운영하셨던 아버지께서는 이제 막 뜬 경옥고를 물에 타서 나를 데리고 대각사에 갔다. 이미 많은 신도들이 큰스님을 친견하기 위해 방 안 가득 앉아 있었다.

청담 스님께서는 노보살님들 사이에 유일하게 처녀였던 나를 보시고는 누구냐고 물으셨다. 아버지가 "제 여식입니다."라고 답하니, 스님께서는 "아, 처사님의 따님이구나! 참 착하네." 하시면서 칭찬해 주셨고, 나는 아버지가 시키는 대로 경옥고를 잔에 담아 스님께 조심히 올렸다.

그때는 큰스님에 대해서도 잘 몰랐고 공양의 의미도 몰랐을 때였다. 아무것도 몰랐던 그때를 오랜 시간이 지나 떠올리니, 그렇게 큰 어른스님께 내 손으로 직접 공양을 올릴 수 있었던 인연에 새삼 감사했고 아버지의 깊은 마음도 알게 되었다. 어릴 적부터 아버지로부터 신심信心을 배우며 자랐고, 아버지 덕분에 인연의 공덕도 쌓게 되었으니 내 삶의 모든 것이 은혜롭기만 했다.

언젠가 아버지의 한약방에서 몇몇 어른들이 청담 큰스님에 대해 나누시는 이야기를 들은 적이 있었다. 청담 스님께서 법문을 한번 시작하면 적어도 3시간씩은 하셔서 노보살님들이 지루하여 견디지 못하고 법문 중간에 밖으로 나가기도 한다는 것이었다.

그 후 서울의 어느 스님께서도 청담 스님에 얽힌 일화 하나를 말씀해 주신 적이 있었다. 한번은 청담 스님께서 동국대학교 정각원 법당에 학생들을 모아 놓고 법문을 하시는데, 도무지 끝이 나지 않자 학생들이 하나둘 빠져나가기 시작했다고 한다. 어느새 법당 안이 텅 비었는데도 스님은 법문 삼매에 들어 계속 혼자서 법문을 이어 가셨다. 법문을 다 마치고 둘러보니 탁자 앞에 학생 한 명이 앉아 있기에 "너는 어째서 안 가고 있었느냐?" 하고 묻자, 그 학생이 "깜빡 잠이 들었습니다."라고 했다는 것이다. 이 이야기를 듣고 처음에는 얼마나 웃었던지. 그 정도로 스님께서는 항상 마음을 다 바쳐 전법과 포교에 열정적이셨던 분이셨다.

아버지는 큰스님께서 써 주신 '부처 불佛' 글씨 한 점을 보물로 여기시며 평생토록 소중히 간직하셨다. 그리고 나는 큰스님 살아생전에 경옥고 공양을 올리며 친견할 수 있었던 60여 년 전 그날을 아직도 잊지 못한다.

경봉 큰스님

잊을 수 없는 화두법문

경봉 큰스님은 당대에 '도인 스님'으로 널리 알려졌을 만큼 훌륭한 스님이셨다. 통도사 극락암으로 가는 길이 비좁았을 정도로 큰스님을 찾아오는 신도들이 인산인해를 이루었다.

한약방을 하셨던 아버지는 환약이나 경옥고를 지으실 때면 꼭 먼저 경봉 큰스님과 월하 큰스님께 공양을 올리셨다. 그런 다음에야 비로소 다른 사람들에게 약을 파셨는데, 나는 어릴 적부터 그런 아버지의 모습을 보며 신심을 키울 수 있었다.

일요법회가 있는 날마다 경봉 스님의 법문을 들으려는 수많은 사람들이 시가행진처럼 극락암 가는 길을 가득 메울 정도였다. 신심은 신심을 보며 큰다고 했던가! 찾아오는 신도들이 갈수록

어느 해 여름,
모기장 안에서 경봉 스님께
법문을 청해 들었던 날의 모습이다.

늘어나니 공양 시간이 되면 공양간뿐만 아니라 마당 곳곳에 발 디딜 틈 없이 앉아서 공양하는 사람들로 북적이기도 했다. 시래 깃국에 밥 한 주걱, 김치 한두 조각이 전부인 점심 공양이었지만, 그때 그 맛은 여태껏 그보다 맛있었던 적이 없을 만큼 최고였다.

경봉 스님께서는 젊은 시절부터 글씨 쓰기를 좋아하셨다고 한다. 옛날에는 종이와 먹이 귀하던 시절이라, 통도사를 끼고 도는 개울물의 바위 위에다가 검은 숯으로 글씨를 쓰셨다고 한다. 그렇게 쓴 글씨는 비가 오면 빗물에 모두 다 지워지니 걱정할 일이 없었다고 하셨다.

스님께서는 틈날 때마다 붓글씨를 써 두셨다가 신도들이 오면 한 점씩 나눠 주시곤 하셨는데, 그때 내가 받은 글은 전지에 큰 글씨로 쓰신 '무가애無罣礙'였다. 막힘이 없고 걸림이 없으며 장애가 없는 자유로움을 일러 주신 경봉 큰스님의 귀한 가르침이었다. 스님의 이 글씨는 지금도 우리 집 가보로 잘 간직해 오고 있다.

어느 해 여름날 스님을 찾아뵈었을 때, 스님께서는 내게 "네가 명초당 딸이라고? 그래, 아버지는 잘 계시고?" 하시면서 안부를 물으셨다. 그때 모기가 하도 많아서 모기장 안에서 스님 가까이에 앉아 법문을 듣게 되었다. 스님께서 하시는 법문은 대부분 화두법문話頭法問이었다. "극락에는 길이 없는데 우째 왔노?"라고 하시는가 하면, 우리 모두에게 손바닥을 펴 보라고 하시더니 스님의 손바닥으로 우리들 손바닥을 탁탁 치시면서 "이 소리 들었제? 소리가 어디로 갔느냐? 잡아 보아라."라고 하시기도 했다. 그 말씀들이 곧 우리에게 내려 주셨던 화두였다.

 그 후 큰스님께서 세수를 마치시고 열반에 드시어 장례식이 있던 날, 큰 소낙비가 한참 퍼붓다가 갑자기 하늘 위로 크고 둥근 쌍무지개가 나타나더니 오래도록 나투어 있었다. 아마도 세상 법문을 다 마치신 스님께서 사그라지지 않는 아름다움으로 큰 할喝을 남기신 뜻이 아니었을까?

 옛 시절의 큰스님을 생각할 때마다 따뜻하고 인자하셨던 미소가 그립다. 집으로 돌아가는 우리에게 "가다가 돌부리에 넘어지지 말고 물 조심해서 잘 가거라."라고 하셨던 말씀이 지금도 귓전에 맴돈다.

 나는 저문 나이가 되어서야 그리움과 후회로 마치 숙제를 다 하지 못한 어린아이의 심정을 느끼곤 한다. 그래도 살아생전 경봉 큰스님을 친견하여 귀한 법문을 들을 수 있었으니 불자로서 나는 참 복이 많은 사람이리라. 매 순간 은혜로웠던 큰스님과의 친견을 어찌 잊을 수 있을까.

경봉 스님께서 써 주신 '무가애無罣礙'는
막힘이 없고 걸림이 없으며 장애가 없는 자유로움을 일러 주신 글이다.

고암 큰스님

자비보살로 나투신 큰스님

  1967년 11월, 부산불교청년회에서 수련회를 위해 합천 해인사에 가게 되었다. 당시 해인사에는 기라성 같은 스님들께서 많이 계셨다. 성철 큰스님께서 퇴설당에 계시고, 지월 큰스님께서 주지스님으로 계실 때였다. 고암 큰스님께서 종정 스님으로 추대되신 지 얼마 되지 않았을 때였다. 또 수산 큰스님과 일타 큰스님께서는 극락전에 계셨고, 지관 큰스님과 법정 큰스님께서는 해인사 강원 강사로 계셨다.

  훗날 송광사 방장으로 계셨던 보성 큰스님은 그 시절 아주 젊었던 스님으로 우리 회원들의 담임을 맡아 주셨다. 지금 생각해 보면 그 당시 해인사는 훌륭한 큰스님들께서 거대한 숲을 이루고 계셨으니 그야말로 신심의 도량이었다. 스님들만 보더라도 그 위상이 얼마나 대단했는지 충분히 짐작할 수 있다.

우리 회원들은 3일 동안 해인사를 순회하며 큰스님들의 법문을 듣게 되었고, 초발심으로 신심이 불타올라 온 세상의 행복을 다 안은 기분이었다. 우리는 마지막 3일째 되던 날 회향식에서 고암 종정 스님께 계를 청하며 불명佛名을 부탁드렸다. 그러자 큰스님께서는 "이곳 해인사에는 내 말고도 큰스님들이 많으니 다른 스님께 가서 부탁해 보세요."라고 말씀하셨다.

그런데도 우리는 물러나지 않고 스님께서 허락하실 때까지 계속해서 절을 올리겠다고 말씀드리고는 절을 하기 시작했다. 그러자 스님께서 자리에서 벌떡 일어나시면서 "그래, 그래. 해 줄 테니 제발 절은 그만하게."라고 하셨다. 나중에 알고 보니 스님께서는 평생 한 번 이상의 절은 받아 본 일이 없으셨던 분이셨다.

그렇게 우리 회원들은 모두 고암 스님으로부터 오계를 받게 되었고, 스님께서 불명도 친히 지어 주셨다. 그때 내가 받은 불명이 '대원성大圓性'이다. 그 후로 나는 대원성이라는 불명이 곧 내가 되어 평생을 살게 되었다. 그날 증명법사 스님으로 수산 스님, 지관 스님, 법정 스님, 보성 스님 등 여러 큰스님들께서 함께 지켜봐 주셨으니, 우리는 참 복이 많은 불자였다는 생각이 든다.

그 후 여가가 있을 때마다 고암 스님께 편지를 쓰게 되었고, 스

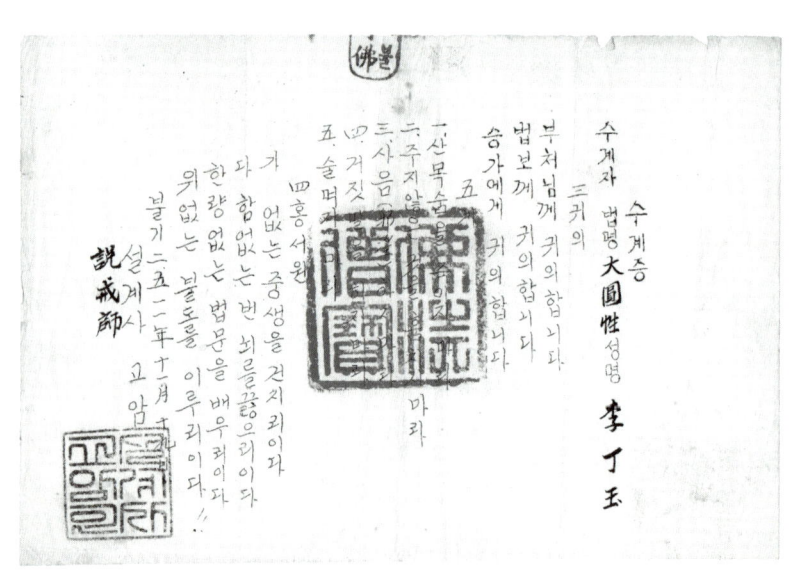

고암 스님으로부터 오계를 수지하고 받은 수계증.

님께서는 그때마다 답장을 꼭 보내 주셨다. 지금 생각하면 그때 나는 철이 없어서 겁도 없이 용감했던 것 같다. 아버지께서는 고암 스님 이야기만 나오면 늘 "고암 큰스님은 자비보살님이시다."라고 하셨는데, 정말 스님은 자비보살慈悲菩薩의 화신이셨다.

1969년에 내가 결혼하게 되었을 때도 고암 스님께서 친히 결혼 날짜를 정해 주셨다. 그 후 우리 부부는 신혼여행을 해인사로 갔다. 당시 해인사 근처에 청운장이라는 여관 같은 곳이 있었는데, 그곳에서 하룻밤을 묵게 되었다. 그런데 새벽에 뜻밖에도 스님께서 청운장으로 전화를 걸어 우리를 찾으셨고, 주인이 전화를 바꿔 주기에 깜짝 놀랐다. 지금처럼 휴대폰이 있던 시절도 아니었고 그곳에서 묵는다는 말씀을 드리지도 않았는데, 어떻게 스님께서 아셨는지 지금 생각해도 신기하고 놀라운 일이었다.

그렇게 10시까지 용탑으로 오라는 스님의 말씀을 듣고 찾아뵈러 갔을 때, 이미 부처님 전에 찰밥과 꽃 등 가지가지 공양물이 정성스레 차려져 있었고, 스님께서 사중 스님들과 함께 우리 부부를 위해 불공을 올려 주셨다. 그때 아무것도 모르는 철부지였던 우리 부부는 스님께 제대로 감사 인사도 드리지 못한 채 그저 마음속으로만 감사하게 생각했었다. 아들을 낳아 아이의 이름을 부탁드렸을 때도 스님께서 흔쾌히 '영준榮俊'이라는 이름을 지어 주시며 축원도 해 주셨으니, 내게는 고암 큰스님이 부모님이자 스승님이셨다.

고암 스님께서는 나에게 '대원성'이라는 불명을 친히 지어 주셨고
불자로서 팔십 평생을 살아올 수 있게 이끌어 주신 스승님이시다.

1969년 해인사로 신혼여행을 갔을 당시,
고암 스님(가운데)과 함께 찍은 기념사진이다.

어느 해 큰스님께서 우리 집으로 오신 적이 있었다. 처음으로 우리 집에서 스님께 공양을 대접해 드린 날이었다. 그날 스님께서는 직접 번역하신 금강경 책 한 권을 선물로 주셨다. 당시 대각출판사에서 펴낸 그 책은 그동안 한문으로만 읽던 금강경을 한문 아래 우리말 번역문과 함께 읽을 수 있게 되어 있어 참 반가운 책이었다. 너무나 황송하고 감사한 마음에 나는 그만 눈물을 흘렸고, 그날은 평생 잊을 수 없는 날이 되었다.

그 후로 나는 그 책을 읽으며 어려운 한문의 뜻을 이해하기 위해 한글 번역을 읽기 시작했고 사경도 하게 되었다. 어느 절에서 49재에 참석했을 때, 사람들이 뜻도 모르고 금강경을 읽는 모습을 보고, 우리말과 우리글로써 보다 쉽게 부처님의 바른 믿음을 알게 되길 바라는 마음이 생겼다. 그래서 큰스님께서 한글로 번역하신 금강경을 화선지에 붓글씨로 사경하여 책으로 엮었고, 수만 권을 전국의 사찰과 기도처에 법보시하게 되었다.

그로 인해 많은 불자들로부터 감사 전화와 편지를 받게 되었을 때, 나는 이 모든 것이 다 큰스님의 은혜이자 가피 공덕이라고 생각했다. 그때부터 전국 각지에서 금강경을 사경하는 불자들이 늘어나게 되어 큰 보람을 느꼈고 큰스님의 깊은 은혜에 감사했다.

고암 스님께서는 언제나 새벽 2시면 자리에서 일어나 선禪을 하신다고 들었다. 그러다 보니 새벽 5~6시만 되어도 낮처럼 생각

나무 여자대비 관세음보살
　　兒名은 榮俊으로 함
盧씨니 영준
　　　　　에게
李大圓니님

이 무더운 三伏 날씨에
두분 몸이 건강 하시고 마음이 안정
하시여 하시는 일이 원만히 번영되
옵고 여식 근영이와 아들애기 모두
몸 충실히 잘 자라기만 비옵니다
이곳은 두루 잘 있읍니다 금번에
보내신 미역은 잘 받았읍니다 대단히
감사 합니다 큰절 선방스님 강당 학인
은 모두 백여명 대중에 원만히 풍양을
올렸읍니다 멋 보댔도 옥동자 아들을 誕生
하셨으니 참으로 반갑고 기쁨을 금할수
없읍니다 이름을 잘 지엿읍니다 잘 불너
주십시요 그럼 애기들 다리고 더위든 서늘
하게 잘 지내십쇼 음6월 말일 안으로 부산
에 갈나고 합니다 　이만 줄입니다
71.8.1　고암 회답　　해인사 용탑

(음력 6/12일)

고암 스님께서 보내 주신 서신 속에는
마치 친정아버지가 출가한 딸을 걱정하듯 살펴 주시는 따뜻한 말씀이 담겨 있다.

하셔서 스님께서 우리 집에 전화하실 때는 언제나 이른 새벽 시간이었다. 스님께서는 수화기 너머로 우리 식구 한 사람 한 사람의 이름을 부르며 안부를 물으셨다. "노 처사님은 회사에 잘 다니고? 대원성은 연꽃모임 잘하고? 근영이는 잘 크고? 영준이는 얼마나 자랐을꼬? 아란이도, 보현이도 예쁘게 잘 자라고 있지?" 이렇게 물으시는 스님의 말씀 속에 우리 식구 한 사람 한 사람의 이름을 축원으로 읊어 주시려던 뜻을 나중에서야 알게 되었다.

어느 해 스님께서 설악산 신흥사로 가기 위해 부산역에서 기차를 타고 서울로 가셔야 했는데, "가기 전에 역에서 아이들을 한번 보고 갔으면 좋겠다."라고 하셨다. 아이들을 급히 씻기고 옷을 입혀서 서둘러 버스를 타고 부산역으로 갔다. 어둠이 밀려든 역사에 스님께서 홀로 앉아 계셨다. 스님께서 나를 보며 말씀하셨다.

"방금 기차가 떠났어."

"예? 기차가 떠났다니요? 어떡해요, 스님!"

스님의 말씀에 나는 너무나 놀라 어쩔 줄 몰라 하고 있었다. 그러자 스님께서는 "괜찮아. 내일 가면 돼."라고 하셨다. 그러면서 "그래도 아이들을 볼 수 있어서 잘된 일이야."라고 미소 지으며 말씀하셨다. 나를 안심시키려고 하신 말씀이셨겠지만, 그 시절에는 비둘기호와 무궁화호 기차가 다닐 때였고 완행으로 12시간을 타고 가야만 서울에 도착할 수 있었기 때문에 한 번 기차를 놓치면 한참 지나서야 다음 기차를 탈 수 있었다. 그 후로 새마을호와 KTX가 생겼지만, 빠르고 편리한 기차를 탈 때마다 나는 역에서 만났던 스님의 모습이 떠올라 아직도 죄송하고 후회스러운 마음이다.

또 한번은 아버지께 말씀드려 보약 한 재를 지어다가 미역과 함께 신흥사에 계시는 스님께 소포로 부쳐 드린 적이 있었다. 얼마 후 스님으로부터 답장이 왔다. 보내 준 보약과 미역은 사중의 스님들과 대중공양을 잘 했다며 고맙다고 하셨다. 그러면서 "다음에는 아무것도 보내지 마시오. 마음이면 충분하니 아이들을 잘 돌보시오."라는 당부의 글도 적어 놓으셨다. 공무원의 아내로 아이들을 키우는 내가 형편이 어려웠을 것을 염려하시는 말씀이셨다.

마치 친정아버지가 출가한 딸을 걱정하듯 나를 살펴 주시고 챙겨 주신 큰스님이셨다. 이처럼 자비로운 스님을 어느 시절에 또 만날 수 있을까 싶다. 나는 스님께 한 번도 제대로 잘해 드린 적이 없었기에 스님이 생각날 때마다 늘 가슴이 아프고 슬프다.

40여 년 전 어느 해 입춘 날이었다. 스님께서 대신동 보타원에 오셨다는 소식을 듣고 이웃의 인자성 보살님과 스님을 뵈러 가겠다고 말씀드렸더니, "오늘은 눈이 많이 와서 길이 미끄럽고 위험하니 오지 말고 내일 오라."고 두세 번이나 전화를 주셨다.

고암 스님(왼쪽)과 일타 스님 등 훌륭한 큰스님들께서
거대한 숲을 이루고 계셨던 지난날의 해인사는 그야말로 신심의 도량이었다.

그래도 우리는 기어이 스님이 계신 곳으로 찾아갔다. 스님께서는 우리를 보자마자 "오지 말라고 그리 말했는데…."라고 하시며 어쩐지 불편해하시는 듯한 모습이셨다. 그날 스님께서는 일부러 불공도 해 주셨고, 우리가 집으로 올 때도 몇 번이나 조심히 잘 가라고 말씀하셨다.

그런데 집으로 돌아오는 길에 교통사고가 나고 말았다. 서면 지하철 공사로 철판이 깔린 도로 위에서 택시 세 대가 충돌하는 사고였다. 그중 가운데 차에 우리가 타고 있었는데, 다행히 인자성 보살님과 나는 조금만 다쳐서 병원에서 간단한 치료를 받고 집으로 왔다. 집에 도착하니 스님께서 전화로 "잘 갔느냐? 다음에는 제발 내 말을 잘 들어야 한다."라고 하셨다. 스님께서는 이미 다 알고 하셨던 말씀이셨다. 괜한 걱정을 끼쳐 드린 것 같아 죄송했던 그날을 잊을 수가 없다.

1977년 1월, 내가 백일 기도 회향으로 신행 단체 '연꽃모임'을 창립했을 때에도 고암 큰스님께서는 누구보다 가장 먼저 반겨 주시고 격려해 주셨으며, 초발심 회원들에게 신심을 심어 주려고 불명을 친히 지어 주시기도 했다.

법회가 열리는 날에는 스님께서 공양주 보살에게 특별히 사비까지 건네며 연꽃모임 회원들에게 공양을 꼭 지어 주라고 당부하셨다고 한다. 멀리 계실 때에도 법회 날을 잊지 않으시고 일부러 먼 길 오셔서 법문까지 해 주셨다. 단 한 사람이라도 신심 있는 불자가 되길 발원해 주셨던 스님은 우리에게 은혜롭고 자비로운 보살이셨다.

  나의 스승, 고암 종정 큰스님!

  생전의 모습과 말씀들이 지금도 고스란히 내 기억 속에 남아 있건만, 어느덧 세월이 흘러 하늘 위에 떠다니는 구름만 올려다 보아도 스님이 늘 뵙고 싶고 그립다. 늦은 나이에서야 철이 든 내 모습을 스님께서 한 번만이라도 보셨다면, 내가 이렇게까지 후회하지는 않을 것이다. 스님이 주셨던 손 편지와 글씨, 함께 찍었던 사진들을 꺼내 보며 혼자만의 추억 여행에서 스님을 만난다.

운허 큰스님

서신에 담긴 스님의 따뜻한 마음

경기도 봉선사에 계셨던 운허 큰스님은 꼭 우리 할아버지처럼 인자하신 분이셨다. 스님께서 한글 대장경 번역으로 큰 불사를 하고 계실 때부터 나는 스님을 무척 뵙고 싶어 했었고, 새로이 번역된 한글 대장경이 나올 때마다 주문해서 사 모으기도 했다.

1977년 연꽃모임이 창립되었던 그해 초겨울에, 우리 회원 몇 명이 모여 뜨개질로 겨울 털 코트를 짜서 큰스님들께 선물을 드리기로 했다. 그렇게 여섯 명이 각자 스님 한 분씩을 맡아 외투와 목도리를 손수 만들어 장만하게 되었다.

겨울이 되기 전에 운허 큰스님, 경봉 큰스님, 탄허 큰스님, 일타 큰스님, 지관 큰스님, 법정 큰스님 이렇게 여섯 분께 완성된 옷을 부쳐 드렸다. 스님들은 모두 고맙다는 편지를 보내 주셨다. 그때 운허 큰스님의 편지에는 다음과 같이 적혀 있었다.

뜻밖에 보내 준 털옷과 목도리 잘 받았습니다.
겨울에 춥지 않게 잘 지내겠습니다.
고맙습니다.
『불교의 깨묵』 50권을 보내니
회원들과 나누어 보십시오.
불법을 잘 익히는 수련을 하시길 빕니다.

1978년 1월 10일
운허 합장

1978년, 법해월 법우와 스님을 친견하기 위해 봉선사에 찾아갔던 때를 잊지 못한다. 스님께서는 너무나 자비로우신 모습과 목소리로 우리를 반겨 주셨고 함께 마루에 앉아 사진도 찍었다. 나는 스님께 예쁜 나무 그릇을 선물로 드렸다. 스님과의 짧은 만남이었지만 그때의 감사하고 행복했던 기억을 잊지 못한다.

집으로 돌아와 인화한 사진을 보며 스님과의 만남을 돌아보니 다시금 감격이었고 신심이 차올랐다. 스님께도 사진을 부쳐 드렸더니 얼마 후 답장이 왔다.

사진 받고 회답이 늦었습니다.
나는 일월 초부터 신병身病이 생겨서
지금도 쾌차하지 못합니다.
글씨를 하나 써 보내려 했으나
우견右肩이 마비되어 붓을 잡지 못합니다.
사진 두 매를 보냅니다.
녹음 테이프는 내 대代에는 없습니다.
오른쪽 어깨의 마비가 풀리면 글씨를 써 보내겠습니다.

1978년 4월 9일
운허 합장

몇 달 후 스님으로부터 답장이 또 왔다.

편지와 사진 잘 받았습니다.
저번에 가져다주신 목합木盒은 품이 대단히 좋은 것입니다.
늘 곁에 두고 봅니다.
『자비도량참법』 책 네 권을 따로 보냅니다.
부처님 광명 중에서 평안하시길 빕니다.

1978년 11월 27일
운허 합장

이렇게 한 번도 빠짐없이 답장을 해 주셨던 운허 스님께서는 그 후로도 많은 경전들을 부쳐 주시곤 했다. 스님은 모습만으로도 큰 스승님이셨고, 스님의 거룩한 흔적들이 지금은 역사로 남아 있다. 그 시절 어른스님을 생전에 친견할 수 있었던 인연에 지금도 늘 감사하고, 생각만 해도 행복한 추억이었다. 지금도 내 가슴속에는 큰스님에 대한 그리움이 보배가 되어 부자로 살아가게 한다.

1978년 봉선사에서 친견한 운허 스님은
마치 우리 할아버지처럼 따뜻하고 인자하신 분이셨다.

자운 큰스님

스님들의 두터운 정

1985년 어느 여름날, 자운 큰스님께서 감로사 혜총 스님과 해림사 동림 스님(당시 선암사 주지스님)과 함께 우리 집에 처음으로 오신 적이 있었다. 큰스님께서 오신다는 소식에 회원 몇 명이 우리 집에 와서 기쁜 마음으로 스님들의 공양을 함께 준비하였다.

자운 스님께서는 모습만으로도 너무나 인자하셔서 마치 우리 할아버지처럼 느껴졌고, 우리는 스님 곁에 가까이 다가가 앉아 법문을 듣게 되었다. 스님의 조용조용한 말씀에 모두가 환희로운 신심을 갖게 되었고, 스님과의 귀한 인연에 어쩔 줄 몰라 했다.

자운 스님께서는 잘 차리지 못한 공양인데도 맛있게 잡수시며 칭찬도 아끼지 않으셨다. 그러면서 "나와 친히 지내는 도반 스님으로 석암 스님이 계시는데, 오늘 같이 못 와서 참으로 안타깝

네."라고 하셨다. 스님들 간의 두터운 정이 참으로 아름답게 느껴졌다. 우리 이웃으로부터 원적외선 치료를 받으시는 동안에도 스님께서는 몇 번이나 "석암 스님과 같이했으면 좋았을 텐데…."라고 하시면서 못내 아쉬워하셨다.

도반 스님을 챙기시는 큰스님의 모습을 보며 한편으로 부럽기도 했다. 나와 내 도반들도 이처럼 진정한 마음으로 벗이 된다면 얼마나 좋을까 하는 마음이 들었고 그런 스님들을 닮고 싶어 했다.

그 후로 그때 살던 그 집을 팔고 이사를 가야 했을 때, 큰스님들의 발자취가 남아 있는 그곳을 떠나려니 안타까워서 눈물을 흘렸었다. 불교의 터전이었던 그 집의 향기는 모두에게 그리움이 되었다.

도반 스님을 챙기시는 자운 스님의 따뜻한 모습을 보며
스님들의 두터운 정이 부러웠다.

성철 큰스님

회초리처럼 따끔한 경책의 말씀

성철 큰스님을 처음 뵈었을 때는 1967년 부산불교청년회 수련회에서였다. 그때 스님께서는 60대 초반의 젊으셨던 모습이셨고, 건장한 체구에 두 눈이 무섭도록 빛이 난다고 느껴졌다. 당시 스님께서는 해인사 퇴설당에 계셨는데, 회원들과 스님의 짧은 법문을 청해 듣고 함께 사진도 찍었다.

스님과 특별한 인연은 없었지만, 대단한 법력을 가지신 도인 스님으로 익히 알고 있을 때였다. 내 나이 30대였던 어느 해 여름, 해인사 대웅전에서 성철 큰스님이 하안거 법문을 하신다기에 법당 한쪽 구석에 앉아 듣게 되었다. 법당에는 발 디딜 틈 없이 많은 스님들이 자리해 계셨고, 신도들도 많이 와 있었다.

성철 큰스님의 법문이 시작되자 어느 누구 한 사람도 눈 하나 깜빡할 새 없이 정신을 차리고 들어야 했다. 스님의 말씀이 빠르기도 하거니와 회초리 같은 따끔한 경책을 내리시는 법문이셨기 때문이다.

"선방에서 한 철 동안 정신 차려 정진하지 못할 것 같으면 지금 당장 이 절을 떠나야 한다. 시주 밥을 축낼 이는 애당초 방부를 들여서는 안 되고, 꾸벅꾸벅 졸면 귀 달린 나무 몽둥이로 후려쳐서 산문 밖으로 쫓아 버려야 한다. 정신을 바짝 차리고 밤낮 깨어 있는 납자들만 이곳에 있을 자격이 있다."라고 하시니, 스님들은 허리를 꼿꼿이 세우고 앉아 한 점 흐트러짐이 없었고, 출가자가 아닌 나도 바짝 얼어붙어 버렸다. 누구 하나 감히 졸 수도 없거니와 정신을 바짝 차리지 않으면 크게 혼이 날 것만 같은 긴장감이 흘렀기 때문에 법문에 몰입할 수밖에 없었다. 그때 그 법문이 지금도 내게는 생생하게 살아 있는 교훈으로 남아 있다.

당시 삼천 배를 해야만 성철 스님을 친견할 수 있다는 이야기를 듣고, 나는 감히 스님을 친견할 엄두조차 내지 못했다. 그러다 어느 해 일타 큰스님을 찾아뵈었을 때였다. 내가 "스님, 저는 삼천 배를 못해서 이제껏 한 번도 성철 큰스님을 친견할 수가 없었습니다."라고 말씀드리자, 일타 스님께서 빙그레 웃으시며 "그러면 지금 나를 따라나서거라."고 하시는 것이 아닌가! 그렇게 도반과 같이 스님을 따라 백련암으로 가게 되었다.

성철 스님께 인사를 드리고 일타 스님께서 우리를 소개해 주셨다. 무릎을 꿇고 앉았더니 성철 스님께서는 편히 앉으라고 하시면서 "그래, 잘 왔다."라고 반갑게 맞아 주셨다. 신심에 관한 법문을 해 주시고 차와 다과도 내어 주셨다.

일타 스님 덕분에 그토록 뵙고 싶었던 성철 스님을 가까이에서 친견하게 되어 너무나도 행복했고, 호랑이보다 무서운 분이라고 생각했던 큰스님의 따뜻한 모습을 보고 얼음장이 녹아내리듯 이내 편안한 마음이 되었다.

공부하는 수좌스님들에게는 엄격한 스승으로 용서가 없으셨고, 칼날 같은 경책으로 늘 화두를 놓치지 않게 하셨던 성철 큰스님. 스님의 서슬 퍼런 경책과 법문들을 들은 지 벌써 몇십 년이 흘렀는데도, 그때 그 말씀들이 고스란히 내 가슴속에 담겨 있어 한 번씩 생각날 때마다 호랑이라도 만난 듯 두 눈을 크게 뜨게 된다. 그리고 지금도 스님을 생각하면 나도 모르게 바른 자세로 고쳐 앉게 된다.

1967년 11월 해인사에서 열린 부산불교청년회 수련회에서의 모습이다.
뒷줄 가운데 성철 스님(왼쪽)과 일타 스님, 그리고 보성 스님(왼쪽에서 두 번째).

석암 큰스님

약속과 배려를 몸소 가르쳐 주시다

　석암 큰스님께서 부산 선암사에 주석하고 계실 때였다. 30여 년 전, 당시 종원 스님께서 주지를 맡고 계셨던 진주 응석사의 탱화 불사 회향 날을 맞아, 내가 석암 스님을 모시고 가기로 했었다.

　지금처럼 자가용으로 다니던 때가 아니라서 진주까지 버스를 타고 가야 했다. 그때는 조방 앞에 시외버스 터미널이 있었는데, 그곳에서 석암 스님을 만나기로 약속이 되어 있었다. 터미널에 도착하니, 스님께서는 엄청 추운 날씨였는데도 붉은 가사를 두르시고 바깥에 있는 바위 위에 혼자 앉아 계셨다.

　나는 너무나 놀라 "아니, 스님! 벌써 나오셨어요?"라고 했더니,

스님께서는 "두 시간 전에 와서 기다리고 있었어. 약속을 했으니 일찍 나와서 기다려야 마음이 편하지."라고 하시면서, 잘 보이는 곳에 있어야 찾기가 쉬울까 봐 밖에 나와 계셨다고 하셨다. 그 말씀을 듣는 순간, 죄송한 마음이 말로 다 할 수가 없었다. 회원들과 함께 진주행 버스를 타고 가는 내내, 스님보다 늦게 나왔다는 미안함과 부끄러움에 몸 둘 바를 몰랐다.

진주에 도착한 우리는 다시 택시를 타고 응석사까지 이동해야 했다. 그런데 겨우 잡은 택시의 기사가 턱없이 비싼 요금을 요구해서 그 차를 타지 않기로 하고 다른 차를 잡아 스님을 찾았더니 스님이 보이지 않는 것이었다. 그 자리에 함께 있던 도반에게 물어보니, 스님께서 조금 전에 타지 않기로 했던 그 택시를 타고 먼저 출발하셨다고 했다.

그때 나는 연이어 큰 실수를 한 것 같아 너무 죄송한 마음이 들었고, 응석사로 가는 내내 스님을 뵐 면목이 없어 걱정했다. 그런데 막상 절에서 스님을 뵙게 되자 너무도 아무렇지 않게 "나 먼저 왔어요." 하시면서 미소를 지으셨다.

그때는 내가 철없던 나이라 어른을 모시기에 앞서 정성보다는 환경과 조건부터 먼저 따져서 생각했던 것이다. 내가 스님을 잘 모시지 못한 것 같아 스스로를 나무라면서 스님의 마음을 다시 한번 떠올려 보았다. 스님께서는 약속을 지키시려고 두 시간이나 먼저 나와 추위에 떨고 계셨고, 택시비가 비싸다고 다른 차를 잡는 나와 달리 어렵게 일하는 택시 기사님을 먼저 생각하셔서 그 택시를 이용하셨던 것인데, 그런 스님의 깊은 뜻을 내가 미처 헤아리지 못했던 것이다.

그리고 내가 스님을 뵐 면목이 없어 쩔쩔매고 있을 때에도 스님께서는 하나도 마음에 담아 두지 않으신 채 오히려 나를 위로하는 뜻으로 "나 먼저 왔어요."라고 말씀해 주시니, 이는 큰스님의 소리 없는 대법문이 아니겠는가! 나는 그때 나의 작은 그릇을 알게 되었고, 더 정진해야 한다는 가르침을 얻게 된 순간이었다.

다음 날 화엄사 주지 도광 큰스님, 일타 큰스님, 석암 큰스님과 함께 탱화 불사 점안식을 잘 마치고 기념사진도 찍었다. 집으로 돌아와서 큰스님들을 잘 모시는 방법이 아직도 너무 서툴고 모자란 내 소견을 생각하며 다시금 나를 돌아보게 되었다.

세월이 흘러 자가용이 택시보다 많아진 지금의 시대를 살면서 나도 운전을 하게 되니 문득문득 옛 시절 어른스님들이 생각난다. 지금 같으면 내가 운전하여 어디든 모시고 다닐 수 있었을 텐데, 지난 세월에 대한 아쉬움과 그리움이 밀려와 나를 슬프게도 하고 웃게도 한다. 큰스님들이 계신 그곳에 찾아갈 수만 있다면 옛이야기 하러 가 보고 싶다. 지난날의 빛바랜 사진 속에, 큰스님들은 모두 다 떠나시고 나만 홀로 서서 웃고 있어라.

구산 큰스님

국수를 보면 떠오르는 스님의 미소

아주 오래전 송광사 삼일암에 계시는 구산 큰스님을 친견하러 이웃의 인자성 보살님과 함께 송광사에 간 일이 있었다. 무더운 여름날이었다. 스님께서는 따뜻한 미소로 우리를 반겨 주셨고 써 두셨던 글도 한 점씩 주셨다.

마침 점심 공양 시간이 되었고, 구산 스님께서는 공양간으로 우리를 데리고 가시면서 "오늘은 미소다! 미소다!" 하고 노래처럼 흥얼거리셨다. 그때까지 나는 국수를 '미소'라고 하는 줄 몰랐다. 게다가 스님들이 별미로 국수를 좋아하신다는 사실도 그때 처음 알게 되었다.

공양간에 들어서자 이미 대중 모두 자리에 앉아 국수를 기다리

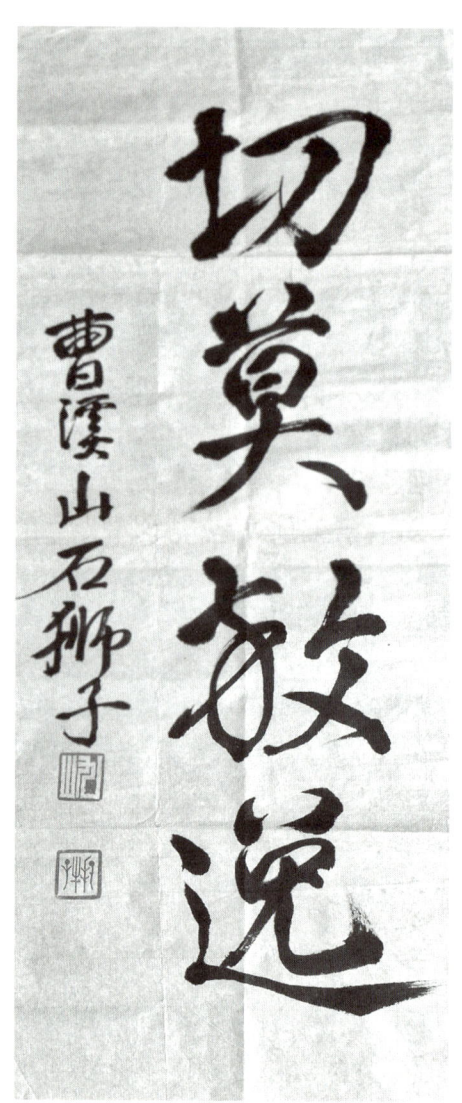

구산 스님께서 써 주신
담박한 글씨 속에
스님의 소박하고
천진한 모습이 묻어 있다.

고 있었다. 얼마나 맛이 있으면 큰스님께서 노래까지 흥얼거리실 정도일까 싶어 기대에 찬 마음으로 국수 한 그릇을 받게 되었다. 버섯을 우린 국물에 호박을 고명으로 올린 국수였다. 들어간 재료가 많지 않다 보니 사가에서 즐겨 먹는 국수 맛과는 당연히 다를 수밖에 없었다. 그런데도 노래까지 흥얼거리실 정도로 국수를 좋아하셨던 큰스님의 그 소박하고 천진한 모습이 지금도 생생히 떠오른다.

그러고 보니 스님들은 대체로 국수를 좋아하셨다. 벌써 30여 년 전의 이야기로, 일타 큰스님께서 범어사에 법문하러 오셨다가 우리 집으로 전화를 걸어 오셨다. "대원성아, 어디 메밀국수 잘하는 집 알아?"라고 하시기에 "예, 온천장에 메밀국숫집이 있습니다."라고 말씀드렸더니, 얼마 뒤 우리 아파트 마당에 여러 대의 승용차가 모여들었다.

앞서가는 내 차 뒤로 스님들이 타신 차들이 따라와 메밀국숫집에 도착했다. 일고여덟 분의 어른스님들께서 메밀국수를 시키시니 함께 오신 시봉스님들도 똑같이 메밀국수를 주문했는데, 어른스님들 계신 방에서 계속 추가 주문을 하시는 바람에 바깥의 시봉스님들은 결국 비빔밥으로 공양을 대신하게 되었다.

그날은 당시 송광사 방장스님이셨던 일각 큰스님께서도 함께 자리하고 계셨다. 일각 스님께서는 "덕분에 오늘 공양을 잘 했으니 선물을 하나 주겠다."라고 하시며 내게 남색 천에 금으로 그려진 관음상을 주셨다.

  이토록 소박한 국수 공양을 좋아하셨던 스님들이셨는데, 지금은 모두 떠나시고 뵐 수가 없어 국수 공양을 대접해 드릴 길이 없다. 아직도 나는 국수만 보면, 스님들의 환한 미소가 떠오르고 "미소다!"라고 외치시던 그때 그 모습이 그리워지곤 한다.

숭산 큰스님

스님의 흔적을 좇아 온 수행자들

 2000년 계룡산 국제선원 개원식 날, 우리 부산불교신도회에서도 참석하게 되었다. 나는 그날 처음으로 숭산 큰스님을 뵙게 되었다. 개원식에는 여러 스님들과 각계에서 온 많은 불자들이 모였고, 그중에는 외국인 스님들과 신도들도 와 있었다.

 사진이나 뉴스로만 보아 왔던 현각 스님과 무심 스님, 그리고 숭산 스님의 외국인 제자 스님들이 앞자리에 앉아서 큰스님의 법문을 경청하고 있었다. 법문이 끝날 때까지 합장한 손을 절대로 내려놓지 않았고, 너무나 간절한 눈빛으로 스님을 공경하며 바라보는 모습은 참으로 큰 감동이었다. 나는 큰스님의 법문을 듣는 동안, 스승을 향한 제자 스님들의 진심 어린 모습에 감탄

하였고, 큰스님을 우러러보는 그 모습이 마치 부처님을 친견하듯 행복한 모습으로 느껴졌다.

개원식이 끝나고 공양 시간이 되었다. 건물만 다 지어졌을 뿐 아직 공양간이 제대로 갖춰지지 않았을 때라 스님들과 신도들이 공간을 따로 쓸 수 없는 상황이었다. 어쩌다 보니 나는 숭산 큰스님과 같은 방에서 공양을 하게 되었다. 나는 현각 스님 바로 옆자리에 앉게 되어 스님의 근심 가득한 말씀을 듣게 되었다. "우리 큰스님께서 오래 살아 계셔야 하는데 건강이 좋지 않으셔서 너무 걱정되고 안타까운 마음뿐이다."라며 문중의 스님들과 대화를 나누셨다. 간절함이 느껴지는 그 말씀을 듣는 순간 마음이 울컥하여 조용히 눈물을 삼켜야 했다. 그 후 그리 오래지 않아 숭산 큰스님께서는 열반에 드셨다.

언젠가 홍법사 창건주인 하도명화 보살님과 대중공양을 하러 갔을 때, 한국에서 수행하기 위해 여러 나라에서 온 외국인 스님들과 불자들을 만난 적이 있었다. 필요한 것을 가지고 가기 위해 스님들께 미리 여쭸을 때, 그들이 부탁한 것은 놀랍게도 '콩'이었다. 콩을 어디에 쓰려는지 궁금해서 물었더니, 청국장을 만들어 먹는다는 것이었다. 나는 상당수의 한국인들도 즐기지 않는 청국장을 외국인들이 즐겨 먹는다는 말에 깜짝 놀랐다.

한국이라는 만리타국까지 와서 수행하는 그들의 모습에 나는 스스로에게 질문했다. '나는 지금 무엇을 하고 있는 사람일까? 이렇게 머나먼 한국으로, 게다가 아무것도 없는 깊은 산속에서 오직 스승이신 숭산 큰스님의 원력에 힘입어 수행하는 그들에게 도리어 내가 배워야 하지 않을까?' 하고 생각했다.

언젠가 연꽃모임 야외 법회를 위해 국제선원에 가게 되었고, 공림공양회에서도 대중공양을 위해 갔을 때, 미국에서 오신 한 스님께서 사시마지 공양을 부처님 전에 올리고 축원하시는 모습을 보게 되었다. 스님은 한국말에 능숙하지는 않지만, 한국말 발음을 영어 알파벳으로 옮겨 써서 읽으며 축원하는 등 한국의 법식을 따르고 있으셨다. 이처럼 낯선 땅에서 한국말을 열심히 익히며 한국의 불교와 선禪을 배우고 수행하시는 스님의 모습에 나는 크게 감동했다.

지금도 숭산 큰스님께서 머물다 가신 자리의 흔적들을 찾아 먼 곳까지 와서 수행하는 이들을 보며, 가까이에 계셨던 우리 스님들과의 인연이 얼마나 소중한지 새삼 느끼게 되었고, 스님들께 늘 존경하고 감사하는 마음을 품고 살아야겠다고 다짐했다.

세월의 강물,

법향으로 흐르다

일타 큰스님

참불자의 길을 일러 주신 나의 스승님

일타 큰스님께서는 우리 아버지의 한약방에 가끔 들르셨다. 일타 스님께서는 누구에게나 차별 없이 편안히 대하셔서 스님 곁에는 늘 사람들이 북적이곤 했다. 대각사에 법문하러 오실 때마다 그 일대는 스님의 인기로 인산인해를 이루었고 마치 축제의 장이 펼쳐진 것처럼 절 마당은 발 디딜 틈이 없을 정도였다.

나는 아버지를 따라 절에 자주 가곤 했는데 당시 신도들 가운데 처녀는 나 혼자였던 터라 일명 '처녀 보살'로 통했었다. 아버지는 나를 늘 '풋보살'이라고 부르셨고, 새벽종이 댕 하고 울릴 때면 "풋보살아, 절에 가자." 하시며 내 손을 잡고 새벽 예불에 함께 가기도 했었다.

당시 나는 일타 스님의 얼굴만 알고 있었는데, 1967년 해인사 수련회에 가서야 스님께서 해인사의 큰스님이라는 사실을 알게 되었다. 아버지와의 인연이 있었던 관계로 나는 스님을 가까이 따르면서 가족처럼 자주 뵐 수 있었다.

감로사 주지스님이셨던 보경 스님께서 일타 스님의 속가 외삼촌이셨고, 일타 스님은 부산에 오실 때마다 감로사에 들르시곤 하셨다. 일타 스님께서는 보글보글 끓인 물에 작설차를 우려내어 아주 작은 잔에 따라 주셨다. 여러 어른스님들 틈에서 처녀는 나 혼자였기에 부끄러운 마음에 아무도 안 볼 때 차를 홀짝 마셨더니, 스님께서 차는 그렇게 마시는 것이 아니라 한 모금씩 입안에서 음미하고 조금씩 삼켜야 차의 향기가 만리萬里를 간다고 알려 주셨다. 그때 처음 작설차를 마시며 차 마시는 법도 알게 되었다.

보경 주지스님께서도 나를 항상 친절하게 챙겨 주시고 가족처럼 편안히 대해 주셔서 감로사는 내게 고향처럼 따뜻했던 곳이었다. 그런 인연으로 나는 새벽마다 감로사에 가서 백일 기도를 올리게 되었다.

그 후 1969년 음력 9월 보름날이었던 것으로 기억한다. 과거에 감로사 보경 스님께서 출가하러 가시던 길에 동네 아이들이 미꾸라지를 가득 잡은 것을 보고 '이 생명들을 살려 주어야겠다'며 가진 돈을 다 주고 미꾸라지를 방생했었다고 한다. 그 일이 계기가 되어 스님께서는 해마다 그날을 기념하여 방생법회를 하게 되었다고 하셨다.

때마침 일타 큰스님께서 오셔서 함께하게 되었으니 나도 스님을 따라가게 되었다. 버스에는 노보살님들만 가득했고 처녀는 나 혼자밖에 없었다. 버스에 앉아 창밖을 보고 있는데 일타 스님께서 나를 데리러 오셔서 스님이 타고 가실 승용차에 나도 태워 함께 구포강으로 갔다. 그때는 승용차가 흔하지 않던 시절이라 나는 난생처음 자가용 차를 타 보게 되었다.

구포강에 도착했을 때, 여기저기서 아주머니들이 큰 대야에 물고기를 가득 들고 와서 "내 고기 사이소!"라고 외치고 있었다. 스님은 고기가 모두 얼마냐고 물으시고는 한 푼도 깎지 않고 몽땅 다 사려고 하셨다. 나는 "스님! 이 물고기들은 곧장 죽을 것 같은데 뭣 하러 다 사려고 하십니까?"라며 다른 고기가 더 크고 싱싱하니 골라서 사자고 손가락으로 이것저것을 가리켰다. 그러자 스님은 "가만히 좀 있어 봐라." 하시더니 제주도에 가실 여비까지 몽땅 털어 물고기를 전부 다 사면서 말씀하셨다. "죽고 사는 것은 제 명이고, 살려 주는 마음에는 차별이 없어야 한다."

나는 그제야 스님의 깊은 뜻을 알게 되었고, 철없이 행동한 내 모습이 너무 부끄러워 차마 고개를 들 수 없었다. 배를 타고 강 한가운데로 갔다. 물고기를 놓아주는 일은 내가 하고, 스님은 요

우리 집을 찾아 주신 스님들께 손수 공양을 지어 올릴 수 있었음에 참 감사했던 시절이다.
오른쪽부터 일타 스님, 법정 스님, 지관 스님, 혜인 스님의 모습.

령을 흔들며 염불과 축원을 하셨다.

고기를 강물에 놓아주다 말고 내가 "스님! 이 고기 되게 크네요. 한번 보십시오, 스님!"이라고 말하기도 했다. 방생을 다 마친 다음 스님께서는 "오늘 살려 준 고기 중에 제일 크고 좋은 놈이 이다음 네 아들이 되어 오라고 축원했다." 하시며 빙긋이 웃으셨다.

그 후 결혼해서 둘째 아이를 가졌을 때 태몽으로 그때 살려 준 큰 물고기가 나타나서 아름다운 비늘로 빛을 내며 거센 도랑물을 헤치고 힘차게 강물을 거슬러 올라가는 꿈을 꾸었고, 나는 그 후 정말로 아들을 낳았다. 스님의 말씀대로 방생의 공덕으로 내게 소중한 아들을 점지해 주셨다는 믿음에 감사했고, 언제나 스님은 내게 자비와 공덕을 깨닫게 해 주신 분이셨다. 그 후로 스님께서는 법상에서 인과 법문을 하시거나 방생 법문을 하실 때마다 불자들에게 이 이야기를 들려주시곤 하셨다.

다음 날 다시 스님을 뵈러 감로사에 갔을 때, 먼저 오신 노보살님 한 분이 스님 곁에 앉아 계셨다. 내가 가기 전에 그 노보살님이 스님께 "스님은 어디서 갑자기 가시나를 하나 달고 다니십니까?"라고 따져 물으셨다고 한다. 그때 마침 스님께서 나를 보시고는 "아, 그 아이! 지금 왔네요. 명초당 한약방 딸인데 내가 가자고 했지."라고 답하셨다. 그제야 노보살님은 "아, 그랬구나! 네가 명초당 딸이라고?" 하시면서 "이제부터 너는 내 딸이다. 나를 어머니라 생각하고 같이 다니자."라고 하셨다. 그만큼 아버지의 신심을 믿으셨고 우리 가문을 아셨기 때문에 나를 인정해 주신 일이었다. 그때부터 나는 그분을 어머니라 부르게 되었고 집에도 서로 오고 가게 되었다.

알고 보니 그분은 당시 부산국세청장으로 계셨던 권태호 청장님의 어머님이셨고 구 씨의 보문성 보살님이셨다. 일타 큰스님을 늘 살펴 드리고 모시는 신도님들 중 가장 어른 보살님이셨다. 그리고 철 따라 절 선방에서 꾸준히 참선도 하시고, 신심과 계행이 철저하셔서 일명 '호랑이 보살'로 알려져 모두가 무서워했던 분이셨다.

1968년 3월, 범어사에 보살계 법문을 하시러 일타 스님께서 오시는 날이었다. 나는 보살계가 무엇인지도 몰랐을 때 그저 스님을 뵐 마음으로 범어사에 갔는데, 보제루에는 이미 수많은 불자들로 가득했고 나는 바깥에서 서성이고 있었다. 그때 어느 스님께서 내게 접수를 좀 도와 달라고 말씀하셔서 책상에 앉았는데, 마침 일타 스님께서 지나가시다가 나를 보시고는 "대원성아! 너 거기서 뭣 하느냐? 들어가서 법문을 듣고 계를 받아야지." 하시며 야단을 치셨다. 곧바로 하던 일을 접어 두고 보제루 안으로 비집고 들어가 겨우 자리에 앉았다.

1987년 1월, 연꽃모임 창립 10주년 기념 법회를 맞아 일타 스님께서 함께해 주셨다.

늘 환하게 웃으시며 반겨 주시던 일타 스님과의 옛 시절이 그립다.

그때 스님의 보살계 법문으로 처음 계戒를 알게 되었고, 첫 번째 오계는 고암 종정 스님으로부터 받았으며, 이번 두 번째 보살계는 일타 큰스님의 법문으로 받게 되었으니 그제야 대원성이라는 진정한 불자로 거듭나게 된 것이다.

이날 법회가 끝나고 스님과 괘불 앞에서 기념사진도 찍었다. 스님께서는 "이제 대원성은 내 상좌가 되었다."라고 말씀하셨고, 그로부터 나는 평생 큰스님의 유발상좌로 인정받게 되어 지금까지도 스님 문중의 한 사람으로 챙겨 주시는 대중들이 있으니 이 모두가 큰스님의 후광이므로 늘 감사할 따름이다.

어느 해 스님께서 진주 미륵암으로 부처님 복장물을 넣으러 가시는 길에 나도 따라가게 되었다. 하룻밤 자고 올 요량으로 얇은 다우다 바지 하나만 비닐에 담아 간소한 차림으로 갔는데, 응석사 총무 도의 스님과 함께 가는 길에 갑자기 거센 비바람이 불어와 내가 들었던 비닐우산은 멀리 날아가 버리고 옷이 다 젖어 난감한 모습으로 추위에 떨고 있었다. 그때 일타 스님께서 2단의 일제 우산을 들고 가시다가 내가 꼭 쥐고 있던 비닐봉지를 뺏다시피 가져가시더니 스님의 품 안에 넣으셨다.

나는 아무 말도 하지 못하고 절에 겨우 도착하자마자 스님께 그것을 받아 바지를 갈아입었다. 마침 저녁 공양을 짓고 있을 때여서 아궁이에 불 때는 일을 자청하여 추운 몸을 녹이며 젖은 옷을 말렸다. 스님은 내가 조금 전과 다른 바지를 입고 있는 모습을 보시고는 "어찌 이 절에 네게 꼭 맞는 바지가 있었나 보구나." 하셨는데 나는 아까 스님이 품에 안고 온 것이라고 차마 말씀드릴 수가 없어서 아무 말 없이 웃기만 했다.

저녁 공양 후 차담 시간에 그 절 비구니 주지스님께서 말씀하시길, 도굴범들이 부처님 복장물을 다 훔쳐가 버려서 이번에 다시 복장물을 넣기 위해 일타 스님을 모시게 된 일이라고 하셨다.

그리고 재미있는 이야기를 하나 듣게 되었다. 주지스님의 말씀에 따르면 미륵암 부처님께 기도를 올리면 영험이 있었는데, 실제로 부처님께서 공양을 드신다는 소문이 나서 신도들의 기도가 끊임이 없고 많은 공양물을 부처님 전에 올리고는 그대로 두고 간다고 했다.

그런데 어느 날 아들을 낳지 못하던 한 부부가 '부처님 코를 삶아 먹으면 아들을 낳는다'는 속설을 듣고 늦은 밤 몰래 법당 안으로 들어와 망치로 부처님 코를 깨기 시작했는데, 어디선가 "아이고, 내 코야!" 하는 소리가 들려와 혼비백산하여 도망을 갔다는 것이다.

사실은 어느 가난한 농부가 가족들을 먹여 살릴 길이 막막해지자 부처님 앞에 올려진 공양물을 날마다 훔쳐서 가족들을 먹여 왔었던 것이다. 그날도 밤늦게 공양물을 훔치러 왔다가, 눈앞에서 한 부부가 부처님 코를 깨고 있으니 부처님 등 뒤에 숨어서 자연스레 소리를 냈던 것이었다.

당시에 정말로 부처님 코 한쪽이 조금 깨져 있어서 흉해 보였다. 그런데 주지스님의 마지막 말씀은, 부처님께 올린 공양을 농부가 훔쳐 먹은 것은 사실이지만 결국 그 덕분에 부처님 코가 완전히 깨지는 일은 막았으니 공짜로 먹지는 않았다는 것이다.

다음 날 아침, 일타 스님은 아주 큰 바위 부처님께 복장물을 넣으러 혼자 굴법당 안으로 들어가셨고 우리는 밖에서 화취진언을 외웠다.

일타 스님께서 범망경 책을 내셨을 때의 일이다. 내가 부산불교신도회 부회장으로 재임했을 때, 우리 신도회가 주축이 되어 코모도 호텔에서 기념행사를 개최하게 되었다. 미얀마에서 수행하셨던 거해 스님께서도 마침 일타 스님과 동시에 법구경 책을 출간하게 되셨는데, 두 분 스님께서 친분이 있으셨기에 한자리에 모시고 함께 축하해 드리기로 했다.

일타 스님께서는 대승 계율을 담은 범망경 책을 내셨고, 거해 스님께서는 위빠사나로 수행하시면서 빠알리어의 법구경을 번역하여 실은 책을 출간하는 아주 귀한 자리였기에 모두가 신심과 환희심의 물결 속에서 감동하지 않을 수 없었다.

그런데 너무 많은 사람들이 몰려와 정신이 없을 정도였고, 내가 거의 이 행사의 주인이 되어 손님맞이를 해야 했다. 그때 많은 경비를 부담해 주신 류진수 회장님은 그 당시에는 이름만 신도회 부회장으로 등록되어 있을 때였고, 훗날 신도회 회장님으로 취임하게 되셨다.

그렇게 행사를 진행하는 동안에 비디오 영상과 사진을 남겼었다. 나는 사진과 영상을 한 번 확인한 후에 스님께 전해 드릴 생각으로 먼저 보게 되었는데, 영상 속 나를 보고 순간 너무 부끄러워 머리가 어질해질 정도였다. 한복을 입고 어찌나 이리저리 부산스럽게 움직이며 정신없이 인사를 하던지, 그 모습이 그대로 찍혀 있어서 놀라고 말았다.

스님께 보여 드려야 하는데 이대로는 도저히 드릴 수가 없을 것 같았다. 고민에 고민을 하다가 그래도 스님께서 궁금해하실 것 같아 영상과 사진을 가지고 가서 "스님! 스님께 보여 드릴 수가 없을 만큼 부끄러운데 어쩌면 좋지요?" 하고 조심스레 말씀드렸더니, 스님은 오히려 "그날 그 행사에 모두 대원성을 보고 찾아온 사람들이었는데 그러지 않고 그 행사를 어찌 치를 수 있었겠는가."라고 위로의 말씀을 해 주셨다. 스님께서 내가 더 이상 부끄러워하지 않도록 해 주신 말씀이었다.

한번은 일타 큰스님 생신 때였다. 밤새도록 법화경 요품 한 권을 붓으로 써서 스님께 생신 선물로 드렸다. 축원으로 스님의 건강을 발원하며 쓴 글이었다. 스님께서 무척 고마워하시며 잘 읽어 보겠다고 하셨다. 다음 날 아침, 스님께서 전화로 "대원성아! 잘 읽어 보았고 고마운데, 그중에 여덟 자가 틀려서 일러 주겠네. 그 글자 모두 같은 글자인데, '마땅 당當'이어야 하는데 '집 당堂'으로 쓴 것이 틀렸으니 다음에는 고쳐 쓰면 좋겠네."라고 하셨다. 내가 "어쩌지요, 스님! 보고 썼는데 왜 틀렸을까요?"라고 하니, 스님께서는 이번에도 내가 민망해하지 않도록 "아마 보고 쓴 그 책의 인쇄가 잘못되었나 보네."라고 하셨다. 이렇듯 스님은 한 번도 나무람이 없이 인자한 말씀으로 가르침을 주신 분이셨던 나의 스승님이셨다.

1969년 여름이었다. 불교신문에서 근무하던 김숙현이라는 친구가 혜자라는 또 다른 친구를 데리고 부산으로 왔을 때였다. 처음으로 부산에 왔다는 그 친구는 바다가 보고 싶어 우리 집에 온 것이었는데 나는 첫날부터 줄곧 절에만 데리고 다녔다.

첫날은 금강사 서경보 스님의 법회에 참석하여 법문을 들었고, 오후에는 범어사에 성수 큰스님께서 주지로 계실 때였는데 마침 그날이 음력 보름이어서 밝은 달빛 아래 차를 마시며 하룻밤을 지내게 되었다. 다음 날에는 통도사 근처 가천에서 배밭을 일구셨던 종원 스님 절에 갔고, 또 그다음 날은 일타 스님이 계시는 해인사 극락암에 데리고 갔다. 난생처음 해인사에 온 서울 아가씨들은 신이 나서 어쩔 줄 몰라 했다.

  밤이 깊어 가는데 철없던 우리 일행은 평소 스님을 편히 생각했기에 눈치도 없이 방이 두 개뿐인 스님 처소에서 늦은 시간까지 이야기를 하며 떠들어댔다. 스님께서 아무리 절집에서 지켜야 할 예의를 일러 주고 타일러도 우리들의 수다는 끝나지 않았고, 스님께서 얼마나 난처하셨으면 낮은 목소리로 "제발 조용해야 한다."라고 하셨을까. 그때는 우리가 아무것도 몰랐던 시절이라 불을 꺼도 잠들 생각을 안 했으니 말이다. 아래채에 수산 큰스님이 계셨는데 그 당시 일타 스님의 연세가 40대였으니 얼마나 조심스럽고 난처하셨을까.

  그렇게 밤이 지나고 아침이 되었는데, 스님은 아침 공양을 대중 처소에 가서서 해야 하지만 우리를 두고 차마 밖을 나가지 못하시고 행자스님이셨던 자명 스님에게 큰절에 가서 쌀과 숟가락 다섯 개만 얻어 오라고 심부름을 보내셨다. 마침 스님 방에 휴대용 가스버너가 있어서 밥을 지을 수 있었고 작은 그릇에 고추장뿐이었다. 밥그릇이 따로 없어서 숟가락으로 스님 두 분과 우리 셋 이렇게 다섯 명이 함께 밥을 떠먹어야 했고 반찬으로는 마당 끝에 있던 도라지 몇 개를 캐어 고추장에 찍어 먹었지만 그래도 그 맛이 꿀맛 같았다.

  아침을 다 먹고 나서 이만 가겠다고 인사를 드렸을 때 그 정 많은 스님께서 얼마나 사중 스님들께 면목이 없었으면 더 놀다 가라는 말씀 한마디 없이 방에서 작은 목소리로 "그래, 잘 가라."고 하셨다.

비가 부슬부슬 내리고 있었고 아랫마을에서 버스를 타기 위해 기다리고 서 있는데 저 멀리 자명 스님이 뛰어 내려왔다. 손에 꼭 쥐고 있던 돈을 건네주면서 일타 스님이 주신 차비라고 했다. 우리는 그때까지도 스님이 난감해하셨던 사실은 전혀 모르고 마냥 행복한 휴가였다며 노래까지 부르며 좋아했다. 그렇게 일행들과 바다가 아닌 산으로만 다녔지만 뜻깊은 여행을 마치고 대구에서 헤어졌다. 그 후 우리는 모두 결혼을 했고 일타 스님은 해인사 지족암으로 처소를 옮기셨는데, 어느 날 내 앞으로 스님의 편지가 왔다.

"그때 극락암에서 마음껏 놀다 가라 하지 못한 것이 두고두고 마음에 걸려 미안했는데, 여기는 내가 암주로 있어서 마음껏 떠들고 놀다 가도 좋으니 언제든 와서 쉬다 가라."고 하셨다. 그때 우리가 너무 철이 없었는데도 스님은 한 번도 화를 내지 않으셨고 오히려 마음껏 놀지 못하게 한 것을 마음에 걸려 하셨던 인자한 스님이셨다. 손수 차를 우려 주시며 환하게 웃으시던 스님과의 그때 그 귀한 법담의 자리가 그립다.

1977년 6월이었다. 태백산 도솔암에서 치열하게 정진하셨던 일타 스님은 늘 그곳을 고향처럼 그리워하시며 그곳이 일생에서 최고로 값진 공부를 했던 곳이었다고 회상하셨다. 그래서 꼭 한번 가 보고 싶어 하다가 연꽃모임 회원들과 함께 가게 되었다.

그곳에서 공부하신다는 스님을 위해 김치를 담가 양동이에 가득 담고 회원들이 먹을 밥과 찬까지 밤새워 준비했다. 그때는 지금처럼 김치통이 마땅치 않아서 흔히 '바께쓰'라고 부르는 둥근 양동이에 담았고, 이것이 무모한 행동이었음을 태백산에 가서야 알았다.

경북 봉화 마을을 지나 끝도 없고 길도 없는 험한 산길을 걸어가야 했는데 어둠이 짙어지니 앞이 캄캄하여 어디가 어딘지도 모르며 길을 찾아가야 했기에 무섭기도 하고 춥기도 했다. 스님 혼자서 만년필 크기의 전등을 들고 이리저리 비추었지만 길이 너무 험하여 미끄러지면서 간신히 가고 있었는데 김치통이 문제였다. 이리 들고 저리 들며 옮기자 스님께서 "이리 내놓거라." 하시더니 걸망에다 넣어 등에 메고 가셨는데, 반듯하지 않은 모양이라 스님께서 얼마나 등이 배기고 아프셨을까. 생각만 해도 어이없는 일이었다. 그렇게 산길을 끝도 없이 올랐을 때 시간이 벌써 새벽 2시였다. 우거진 나무숲을 지나 갑자기 하늘이 뻥 뚫리니 그곳이 바로 도솔암이었다.

도솔암에는 작은 법당과 작은 방 하나가 있었다. 작은 방에서

春城0발 om　　　　　　　12. 19.

여름이 가고 겨울이 오고. 지축쯤 한박눈이 쏟아질 무렵.
여기는 지축도 꽃이 피고 따뜻하고 조석으로 선선한 상춘·상추
의 고장. 겨울 지나고 가야 한다하여 불편하지 않지만.
지난 11월 한달 동안은 중남미 열대. 10여개국을 단독 여행.
멀고 긴 만행의 길을 다녀 왔습니다. 두번 올곳이라 쉽
어서 기를 쓰고 다녔지만. 이제는 더 다닐곳도 없고. 곧
나가고 싶으네. 양력설 지내고는 많은 귀국 위계입니다. 그리고
살며시 돌아가 꼭 들어 앉을 생각입니다.
지족암에 김장까지 담가 갔다해서. 너무나 안심찮은
마음 가득합니다. 시주 은혜 갚기 위해서라도 결정코
정진해야 할 것입니다.
그럼 벼올날 까지 모두 모두 안녕.
　　　　　　　　　　L Dong 스님.

일타 스님
239 S. Wilton Pl.
L.A. CA. 90004
U.S.A.

VIA AIR MAIL

TO: 노영궐 대원성 om
釜山 동래구 長箭2동 547
3통2반
SEOUL. KOREA.

일타 스님께서는 나를 단 한 번도 나무라지 않으시고
인자한 말씀으로 자비와 공덕을 일깨워 주셨다.
사진은 스님께서 미국 로스앤젤레스에서 부쳐 주신 편지.

는 스님 두 분과 같이 간 처사 2명까지 모두 4명이 자게 되었고, 법당에서는 우리 일행이 자야 했는데 얼마나 좁았으면 다들 겨우 비집고 누웠더니 나는 누울 자리는커녕 앉을 자리조차 없었다. 둘러보니 불단 옆에 작은 미싱 의자가 하나 있었다. 그 의자에 겨우 앉아 턱을 괸 채 잠을 자니 잠결에 얼마나 얼굴을 밀었던지 아침에 보니 벌겋게 부은 얼굴이었고 발과 다리도 통통 부어서 신발이 들어가지 않아 맨발로 내려와야 했다.

그런데 새벽에 일어나서 가져간 쌀로 공양을 짓다가 알았다. 그곳에 계시는 스님은 솔잎과 밀가루로 생식 공양을 한다는 사실을! 힘들게 가져온 김치가 아무 쓸모 없는 것이라니 어떻게 해야 할지 고민이었다. 그곳의 스님은 또 이 김치를 메고 아랫마을 절까지 갖다주러 가야 하는 상황이 생긴 것이다. 좋은 일도 잘 알고 해야 했는데 젊은 나이에 경험이 부족했던지라 일타 스님의 등만 아프게 한 나의 실수였다. 어쨌든 28명 모두 잘 있다가 무사히 부산으로 돌아왔으니 소중한 추억이 되었고, 그 후로 우리도 일타 스님처럼 그곳을 그리워하며 옛이야기를 하곤 했다.

우리 연꽃모임 회원들은 음력 설날이 되면 큰스님께 세배를 다녀오곤 했다. 1979년이었다. 스님께 세배를 드리기 위해 버스를 대절하여 해인사에 갔다. 큰절 법당에서 참배를 하고 지족암으로 갔을 때 유난히 내 눈에 들어온 연하장이 하나 있었는데, 아주 작은 엽서만 한 크기에 글이 빼곡히 적혀 있었다. 반야심경을 전서篆書로 쓴 사경 글이었다.

　너무 좋아서 스님께 괜히 여러 번 여쭤보았다. "스님, 이 엽서 보셨어요?" 하고 여쭤보면 "보았지."라고 답하셔도 묻고 또 물었다. 나는 아무리 생각해도 스님이 주시지는 않으실 것 같아서 그냥 말없이 가방에 넣어 스님 몰래 가져왔다. 매일 하루 한 번씩 그 글을 따라 쓰게 되었고 어느새 외우게도 되었다. 그러면서도 늘 스님께서 찾지나 않으셨을까 걱정도 되었지만, 나는 이렇게 씀으로써 스님께 죄송한 마음이 덜어질 것이라 생각했다.

　그렇게 사경한 것을 많이 모아 놓았을 때 어느 날 스님께서 우리 집에 오셨는데 나는 사경한 반야심경을 다 보여 드리며 뒤늦은 고백을 하게 되었고 자랑도 했다. 철이 없어 부끄러움도 모르고 감히 스님께 자랑을 했으니 훗날 그 일이 너무 부끄러웠고 스님께 죄송한 마음이었다. 그래도 스님은 빙그레 웃으시며 칭찬만 해 주셨다.

　얼마 후 초파일이 되어 해마다 부부 동반으로 해인사에 가게 되었는데 그날도 큰절에서 참배하고 지족암으로 가서 큰스님의 법문을 듣게 되었다. 스님께서는 한참 법문을 하시더니 갑자기 내가 사경한 반야심경을 흔들어 보이시며 "생활 속에서 불자로 살려면 대원성처럼 아이들 키우면서도 날마다 부처님께 절하고 이렇게 사경하는 모습을 보여야 참불자이다."라고 하셨다.

나는 너무 놀라고 당황스러워 "스님, 언제 그걸 가져오셨어요?" 하고 여쭤보니, 스님은 "너도 내 것을 훔쳐 갔으니 나도 네 것을 하나 훔쳐 왔지. 그럼 갚았지?"라고 하셨다. 그날 그 법문을 계기로 처사님들까지 반야심경 한 편씩을 사경하게 되었다.

어느 날 일타 스님을 따라 사천 곤양면에 있는 다솔사로 작설차를 따러 가게 되었다. 효당 주지스님을 만나 뵙고 녹찻잎도 딸 생각으로 갔는데, 주지스님은 안 계시고 찻잎도 아직 이른 탓에 따지 못했다. 그래서 다시 해인사로 돌아가게 되었는데 잠시 쉬고 있을 때 흰 종이 뭉치가 바람에 날려 들판 위를 뒹굴고 있었다. 스님께서 그 종이를 주우려고 멀리까지 쫓아가시기에 "스님! 왜 그 더러운 종이를 주우려 하십니까?" 하고 못마땅한 목소리로 스님을 향해 말했다. 스님은 빙그레 웃으시며 주운 종이를 걸망에다 넣으셨다.

지족암에 도착하자 스님은 제일 먼저 무릎 위에 그 종이를 올려놓고 손 다림질로 반듯하게 펴고 계셨다. 글이 쓰인 부분은 잘라 내어 부엌 아궁이에 넣으시고 깨끗한 부분은 오려서 화장실에 예쁘게 담아 놓으셨다. 스님은 휴지 한 장도 함부로 쓰지 않으셨고 아끼는 생활을 몸소 보여 주셨다. 멀리서 부쳐 온 편지 봉투는 엷은 칼로 잘 열고 뒤집은 다음 다시 풀로 붙여서 재사용하시는 스님을 보면서 나는 부끄러움을 느끼며 많이 배웠다. 모든 일에서 나를 깨우치셨던 큰 스승님이셨다.

또 신도들이 다녀간 뒤 잊어버린 손수건과 양말도 모두 손수 깨끗이 세탁하여 차곡차곡 담아 두고 누구의 것인지 모르니 필요한 사람은 가지라고 하셨다. 어느 날 스님을 뵈었을 때 버선이 이상하게도 번들거려서 여쭤보았다. 스님은 "신도들이 한 뼈까리 왔다 가면 이렇게 구석구석 양말을 벗어 놓고 가는데, 누구라도 가져가서 신으라고 해도 아무도 안 가져가니 아까워서 그냥 버릴 수도 없고, 내 발에 바로 신지는 못하겠기에 버선 위에 신으니 한결 따뜻하구먼."이라고 하셨다. 우리는 그저 웃었지만, 스님의 절약하는 마음과 무엇이든 함부로 버리지 않으시던 그 모습은 우리 모두가 배워야 할 교훈이었다.

어느 해 음력 8월 초하루, 일타 스님의 생신날이었다. 스님께서 마침 범어사 수계 산림에 오신 길이어서 저녁 공양을 청하였고, 수계 증사 큰스님 아홉 분과 시봉스님들까지 우리 집으로 오셔서 함께 생신 축하를 하게 되었다. 회원들과 이웃들까지 많이 모여 우리 집은 그야말로 잔칫날이 되었다. 당시 신도회장이셨던 이윤근 회장님과 거사님들까지 오셔서 더욱 즐거운 공양이 되었다.

나는 귀하게 오신 스님들과 함께한 순간들을 사진으로 남기기

1987년 초파일, 부처님오신날을 맞아 해인사에서 단체로 일타 스님을 친견했을 때이다.

위해 카메라로 열심히 찍었다. 다음 날 인화한 사진을 찾으러 사진관에 갔을 때 놀라운 일이 있었다. 사진이 한 장도 찍히지 않았다는 것이다. 그 말을 듣고 너무나 놀라고 실망하여 한동안 입이 다물어지지 않았다.

  그 일로 하루 종일 속상했는데, 문득 전날 밤에 꾼 꿈이 생각났다. 꿈속에서 나는 해가 질 무렵 죽을 끓여 들판에 길게 누워 계시는 돌부처님께 공양을 올리러 갔다. 세어 보니 아홉 개의 산봉우리를 베고 누워 계시는 부처님을 보고 너무 놀라서 "아이고, 부처님! 어찌하여 산봉우리를 아홉 개나 베고 누워 계시는지요?"라고 말했다. 그리고 숟가락으로 죽을 저으면서 "이 죽을 부처님께서 직접 드신다면 얼마나 좋을까?" 하고 혼자 중얼거렸을 때, 갑자기 돌부처님이 눈을 크게 뜨시면서 '아' 하고 입을 벌려서 죽을 받아 잡수셨다. 나는 너무 놀라 꿈속인데도 남편에게 큰 소리로 "여보, 카메라를 빨리 가져와요!"라고 재촉하면서 돌부처님이 공양한다는 말을 누가 믿겠느냐며 사진으로 남겨야 한다고 했다.

  어느새 부처님은 상 앞에 앉아서 직접 숟가락으로 죽을 드시다가 나의 수다 때문에 "네가 그러면 나는 죽 안 먹는다."는 뜻으로 상을 밀어내시기에 생시의 내 모습대로 손을 휘저으며 "부처님! 안 그럴게요. 다시는 안 그러겠습니다. 제발 공양을 드십시오." 하며 빌듯이 애원하니 부처님은 그 죽을 다 드시고 난 후 나를 위해 법문도 해 주셨다. 나는 당시 기도에 대한 갈등으로 마음이 편치 않았을 때였다. 비록 꿈속이었지만 내게 큰 위로가 되었던 법문을 지금도 기억하고 있다. 그러다가 문소리에 잠이 깨었다.

뒤늦게 혼자서 꿈을 해몽해 보았다. 부처님께서 산봉우리 아홉 개를 베고 누워 계셨음은 바로 아홉 증사 스님을 뜻하여 나투어 보여 주신 것이었고, 누워 계시는 돌부처님께 죽 공양을 올린 것과 부처님께서 직접 드시는 모습을 통해, 큰스님들께 공양 올리는 정성이 부처인 자기에게 공양 올린 것과 다를 바 없음을 부처님께서 일러 주신 것이라 느껴졌다. 돌부처님이 공양하실 만큼 큰 공덕이라고 내게 일러 주신 법문이었던 것이다.

그리고 사진 한 장 남기지 못한 것도 상相을 내지 말라는 뜻으로 해석하게 되니, 나는 새로운 마음으로 나의 신심을 돌아보았고 꿈이 아닌 현실로 받아들이는 지혜의 길을 터 주신 가피의 꿈이라 생각했다. 바로 몽중가피夢中加被의 꿈이었다.

일타 스님께서 회갑을 맞이하신 해였다. 회갑이라고 하면 꽤 특별하게 생각되어 선물로 무엇을 드리면 좋을까 고민을 했는데, 평소에 스님께서 금강경 한글 사경을 보시고 내게 하신 말씀이 생각났다. "앞에는 대원성이 한글 금강경을 쓰고, 뒤쪽에는 대구

일타 스님(가운데)의 회갑을 맞아
한글 금강경을 붓글씨로 사경하여 스님께 보여 드렸던 모습이다.
이후 이 사경으로 12폭 병풍을 만들어 스님께 선물로 드렸다.

노보살님이 한문 금강경을 써서 양면으로 된 병풍을 하나 만들었으면 좋겠다."라고 하신 말씀이었다. 그래서 나는 글씨를 써서 12폭의 키가 큰 병풍을 만들기로 했다.

꾸미지 않은 상태로 우선 글만 가져가서 보여드리기로 했다. 작은 화선지에 학 61마리도 그려서 축하의 의미로 드렸다. 스님은 환하게 웃으시며 여기에 내년에도, 그다음 해에도 한 마리씩 더 그려 넣으면 되겠다고 말씀하셨다. 나는 그때 '아! 그렇네….' 하고 혼잣말을 내뱉으며 아쉬워했다. 더 이상 그려 넣을 수 있는 여백이 많지 않았기 때문이다.

그날 혜인 스님과 혜국 스님도 함께 자리하고 계셨는데, 혜국 스님은 "대원성, 이렇게 하느라 망상깨나 했겠네."라고 하셨다. 일타 스님은 "애 많이 쓴 글이 최고의 선물"이라고 칭찬하셨고, 병풍으로 꾸미면 좋겠다고 하셔서 도로 가져와 병풍으로 만들고 다음 가는 길에 실어 갔다. 그 후 큰스님께서 입적하시고 나니, 학을 더 그려 넣을 공간이 없어서 그리지 못했던 것까지 괜히 마음에 걸렸었다.

스님께서는 작은 것 하나까지도 마음으로 읽으셨다. 어린 우리 아들이 점토로 만들어 드린 작은 강아지 선물도 잘 진열해 두고 보신다고 하셨다. 우리에게 너무나 많은 그리움을 남기고 가신 스님은 말씀과 행동 모두가 가르침 아님이 없으셨고 법문 아님이 없으셨다. 스님과의 소중한 추억 속에는 언제나 큰스님의 미소가 있었다.

　어느 해 일타 스님께서 약천사에서 한여름을 보내고 계실 때였다. 우리 가족이 찾아뵙겠다고 미리 약속을 드리고 갔었다. 큰스님 방 옆방이 우리가 묵을 방으로 정해져 있었다. 그런데 도착하자마자 스님의 방 맞은편의 팔각정이 눈에 들어왔고, 나는 그곳이 더 좋다며 있을 곳으로 정했다. 곁에 계시던 다른 스님께서 말씀하시길, "몸도 편찮으신데 오늘 종일 큰스님께서 손수 먼지도 털고 걸레 청소까지 깨끗이 다 해 놓으셨다."라고 하셨다. 아마도 "대원성이 오면 여기를 좋아할 거야." 하시면서 다구茶具와 물 끓이는 전기 포트까지 준비해 두셨던 듯했다. 스님의 고생은 뒤로하고 내가 너무 좋아하며 마음에 들어 하니 스님께서도 환하게 웃어 주셨다.

　팔각정은 유리로 막아져 있어서 바깥을 내다볼 수도 있었고 불편함도 없었다. 어느 날 밤 비가 내리고 있을 때, 둥근 달 모양의 가로등 불빛 아래 비 내리는 광경을 보며 시를 읽었고, 한 점 한 점 엮이어 내리는 빗방울의 황홀하고 아름다운 모습에 밤을 지새웠던 기억은 평생 잊지 못할 추억이 되었다.

　그곳에서 일주일을 묵는 동안, 바다를 좋아하시는 일타 스님께서 평소 친하게 지내시던 도견 스님, 지정 스님과 바다에 가실 때

일타 스님께서는 훈계보다는 행동으로 늘 모범을 보이시며
우리들에게 참불자의 길을 일러 주셨다.

마다 우리도 따라서 날마다 함께 다니게 되었다. 절에서 도시락을 싸서 오늘은 이 바다, 또 내일은 저 바다, 이름을 외울 수는 없지만 여러 곳의 바다를 순회하며 즐거운 소풍을 하게 되었다.

어느 날은 약속도 없이 바닷가에서 비룡 큰스님과 서암 큰스님을 만나게 되어 스님들끼리도 너무나 반가워하셨고 도시락을 함께 펼쳐 두고 먹었던 일은 참으로 귀한 추억이었다. 일타 스님은 수영은 하지 않고 그저 구명 조끼를 입고 튜브를 탄 채 물 위에 둥둥 뜨기만 해도 즐거워하셨다. 서암 스님은 바닷물이 목까지 올라올 정도로 깊은 곳까지 들어가시곤 했는데 스님들의 천진한 물놀이가 재미있어 보였다. 그때 그 어른스님들 모두 다 떠나셨는데, 지금쯤 어느 바닷가에서 추억을 나누고 계시지는 않을까?

나는 처녀 시절부터 큰스님을 뵈어 왔지만 스님께서는 한 번도 슬퍼하거나 눈물을 보이신 적이 없으셨다. 스님의 어머님은 뵙지 못했지만 아버님 스님, 형님 스님, 누님, 여동생 쾌성 스님까지 모두 살아생전에 뵈었는데, 누님의 영전에서도 형님의 영전에서도 아버님의 영전에서도 스님께서는 눈물을 보이지 않으셨다. 어찌 슬프지 않으셨겠냐마는 눈물을 꼭 감추셨다.

그런데 딱 한 번 스님의 눈물을 보게 된 일이 있었다. 스님께서는 열세 살에 통도사로 출가하여 화엄종주 고경 큰스님을 은사로 행자 생활부터 갖은 고생과 구박 속에서 하루도 코피가 나지 않았던 날이 없었다고 하셨다. 보살들이 모여 시집살이에 대해 하소연할 때면 "그건 시집살이도 아니다."라고 하실 만큼 스님은 너무나 고된 수행 생활을 견뎌 내셨던 것이다. 듣기로는 많은 스님들이 상좌로 왔다가 다 도망을 가고 일타 스님만 꿋꿋이 참아 왔다고 했다. 심지어 일타 스님이라는 법명도 삼 년이 지나서야 얻게 된 이름이라고 하셨다. 그 전까지는 스님 고향이 충청도 공주라고 해서 '충공'이라 불렸다고 한다.

그렇게 어렵고 고된 생활 속에도 은사스님께서는 깊은 정과 보살핌을 주셨다고 하셨다. 통도사에서 고경 스님의 비석을 세우던 날, 대구 화산 스님도 오셨는데 비가 부슬부슬 내리고 있을 때 일타 스님께서 안경 안으로 눈물을 닦으셨다. 화산 스님께서 일타 스님의 저 눈물은 힘들고 어려웠던 지난날이 떠올라 흘리는 눈물이라고 하셨다.

일타 스님께서 들려주신 옛이야기 중에 웃지 못할 이야기도 하나 있다. 은사스님과 함께 계셨을 때, 통도사 방바닥은 콩기름으로 닦아서 반들반들 윤이 나고 미끄러웠다고 한다. 그런데 은사스님께서 아궁이에 보글보글 끓인 된장 뚝배기를 들고 걸어오시다가 그만 미끄러져서 넘어지셨다고 한다. 그 순간 일타 스님은 너무 고소하고 우스워서 데굴데굴 구르며 웃었다가 죽는 줄 알

앉을 정도로 맞으며 혼이 났다고 했다.

　이토록 힘들었던 지난날을 거울삼아 스님께서는 늘 마음속 깊이 맹세하기를, "내가 만약 상좌를 둔다면 절대로 무섭게 하지 않고 따뜻한 스승이 되리라." 하고 마음먹으셨다고 한다. 어른스님이 되었을 때 상좌들의 옷고름이 흐트러져 있어도 나무라지 않고 조용히 불러 다시 바르게 매어 준다는 자기만의 약속을 지키며 살아오신 스승님이셨다. 단 한 번 스님께서 흘리셨던 그 눈물의 흔적이 아직도 내 가슴속에 아련히 남아 있다.

법정 큰스님

삶이 곧 수행임을 보여 주시다

1967년 해인사 수련회에 갔을 때였다. 법정 스님께서 첫 만남에 하신 말씀이 "오늘은 큰스님들이 출타 중이시라 쪼무래기 스님인 내가 법문을 하게 되었다."였다. 그 특이한 언구句가 아직도 귓가에 맴돈다. 당시 스님의 세수가 30대였으니 젊으셨을 때의 팔팔한 기백이 넘쳐 보였다.

법정 큰스님께서는 내가 고암 스님으로부터 오계를 받을 때 증명법사로 계셔 주셨고, 그 인연으로 가끔 스님과 서신을 통해 안부를 여쭙곤 했다. 결혼 후 연꽃모임을 만들었을 때도 많은 관심과 격려로 칭찬을 아끼지 않으셨던 스님이셨다.

가끔 부부 동반으로 이웃 도반들과 스님 처소에 가서 하룻밤씩

자고 올 때면 처사님들을 유독 더 반가워하셨던 스님은 늘 불교가 '치마 불교'에서 벗어나야 한다고 말씀하셨다. 또 가족 모두가 모범 불자로서 생활하는 것이 곧 포교라고 강조하셨다. 이렇게 우리는 절이 좋아서, 스님이 좋아서 불일암을 오를 때마다 마치 가족 같은 친근함으로 스님을 찾아뵈었고 스님을 어렵게 생각하지 않았다.

　어느 해 여름날, 해 질 무렵 마당에 자리를 깔고 높은 하늘을 올려다보며 스님께서 우려 주시는 차를 마실 때였다. 그리운 고향에 온 듯 참 행복한 시간이었는데 어디선가 '탁, 탁' 하는 소리가 나서 들여다보니 아니, 이럴 수가! 바로 곁의 낮은 언덕에 자리한 야생 달맞이꽃이 차례로 꽃을 피우는 소리였다. 한 잎씩 한 잎씩 파르르 떨면서 순식간에 다 피어 버린 달맞이꽃을 두 눈으로 처음 보게 된 나는 황홀함 그 자체였다. 마치 노란 나비 떼가 한꺼번에 날아든 것처럼 갑자기 꽃잎이 춤을 추듯 피어나서 온 도량이 노란 꽃동산이 되었고 감격하여 놀란 내 눈은 감기지 않았다. 우리가 너무 감동해서 소리를 지르니 날마다 이 광경을 보며 살아오신 스님께서는 웬 방정이냐며 크게 웃으셨다.

　이렇듯 스님의 처소는 지금도 눈앞에 선하게 남아 있는 추억들로 가득한 곳이었다. 그때 그 풀 냄새와 나무 냄새, 그리고 불일암으로 오르는 좁다란 오솔길까지. 이 모두가 스님께서 그곳에 계셨기에 더 아름다웠고 지금까지도 그리움에 잊지 못한다.

  대나무 사이에 정랑淨廊을 지어 놓고, 작은 우물 옆에는 표주박을 두어 물을 뜨게 했으며, 종류별로 담아 놓은 김치 항아리에는 각각의 김치 이름과 담근 날짜의 연월일까지 꼼꼼히 적혀 있었다. 가마솥 위의 하얀 행주는 금방 삶아서 널어 둔 것처럼 깨끗했고, 살강 위에 놓인 그릇들은 정갈하게 정리되어 있었다. 불을 땐 아궁이는 먼지 한 톨 보이지 않게 깨끗이 청소하여 입구를 닫아 두었다. 참기름 병에도 이름표가 붙어 있었고 기름 한 방울 흘러내리지 않아 뽀드득했다. 빨랫줄에는 수건과 옷가지들이 마치 다림질한 것처럼 반듯하게 널려 있었고 이 모든 풍경이 깔끔했다. 스님 혼자 계시면서 이만큼 철저하게 생활하시는 모습을 본 우리들은 놀라서 입을 다물지 못했고, 이 모든 것은 스님의 오랜 수행 생활로서 늘 본보기가 되었다.

  스님께서 처음으로 우리 집에 오셨던 날은 호박꽃이 피던 어느 해 여름날이었다. 스님께서는 공양을 드시면서 혹여 내가 연꽃 모임을 하느라, 회원들을 모으느라 집을 비우고 가족을 돌보지 않는 주부가 될까 봐 염려하시는 마음에 "무슨 일을 하더라도 아이들의 엄마라는 사실에 더 충실해야 하고 처사님께도 더 잘해야 한다."라고 하시며 마치 친정 오빠처럼 당부의 말씀을 해 주셨다.

송광사 불일암에서 법정 스님과 함께했던 우리 내외의 모습.
손수 만드신 나무 의자에 늘 앉아 계시던 스님의 모습이
지금도 눈앞에 아른거린다.

법정 스님의 걸음걸음이 닿는
모든 곳이 그야말로 야단법석野壇法席이었다.

그러고 나서 주택에 살았던 우리 집 앞뒤를 둘러보시고는 감나무 아래에서 함께 사진도 찍었다. 사진 찍기를 좋아했던 내가 스님의 귀한 걸음을 남기려고 찍어 둔 사진을 며칠 뒤에 스님께도 부쳐 드렸더니, 답장으로 "사진을 잘 찍으니 간판을 하나 내걸어도 좋겠다."라며 놀림조로 말씀하셨다. 이처럼 스님은 좋은 말씀을 하시면서도 어딘가 뼈 있는 듯한 말투로 말씀하시곤 했다.

어느 해에는 범어사 행사에 오셨던 일타 스님, 지관 스님, 법정 스님, 혜인 스님, 이렇게 네 분 스님께서 우리 집에 오시게 되어 선물 같은 날이 되었다. 이렇게 귀한 스님들을 한자리에 함께 모시기는 참으로 쉬운 일이 아니었기 때문이다. 지금 생각해 보면 내가 너무 철이 없었기에 용감했고 그저 신심 하나로 행복했기에 가능했던 일이었다. 해인사 수련회 때부터 인연이 된 스님들께서 함께 오셨으니 이보다 더 행복할 수 없는 감동이 느껴졌다.

스님들께서는 모두 같은 마음으로, 신행 단체가 없었을 때 대원성이 연꽃모임을 만들었으니 참 고마운 일이라며 칭찬해 주셨고 앞으로도 포교를 넓혀 가길 응원한다고 하셨다. 아주 작은 믿음의 씨앗 하나를 잘 키워 나갈 수 있도록 지켜봐 주셨던 스님들의 관심과 격려는 참으로 큰 은혜였다.

돌이켜 생각해 보면, 1977년 1월 처음 연꽃모임이 창립되어 그해 음력 3월에 통도사 보살계 법회에 일타 스님이 오신다는 소식을 듣고 참여하게 되었을 때, 우리 초발심 회원들이 처음으로 절에 가서 너무나 신기하고 좋았던 나머지 마구 뛰어다니며 큰 소리로 웃고 떠든 적이 있었다. 노보살님들이 눈을 휘둥그레 뜨면서 "어디서 갑자기 젊은 보살들이 나타났노?"라고 하셨고, 그때 나는 놀라서 회원들에게 주의를 주기도 했었다.

그때는 주로 어머니나 할머니들이 절에 다녔을 때였고 젊은 여성들이 절에 다니는 일이 흔치 않던 시절이었다. 더구나 신행 단체도 없었던 때라 교계에서 우리 모임은 호기심의 대상이 되기도 했었다. 이러한 환경에서 스님들은 우리에게 큰 의지처가 되어 주셨다.

법정 스님은 항상 가슴에 꽂히도록 한마디로 말씀하시길, "생활이 곧 불법佛法이고 수행이다."라고 하셨다. 잘못된 모습에는 즉설주왈卽說呪曰로 야단 아닌 야단을 하셨다. 그런 반면에 스님의 너무나도 따뜻한 마음도 엿볼 수 있었다. 편지글마다 일상 이야기를 자주 적어 주셨는데, '오늘 저녁에는 불린 콩이 있어서 콩밥을 지어야겠다.'라는 소소한 이야기부터 '마당에 상추와 아욱이 무성히 자랐는데 멀리 있어서 나눠 먹을 수 없으니 아쉽다.', '밭에 풀을 뽑는 일도 수행이다.'라며 자비와 가르침을 주시기도 하셨다. 겉으로는 냉정해 보이는 듯하셨지만, 속마음은 누구보다 따뜻한 스님이셨다.

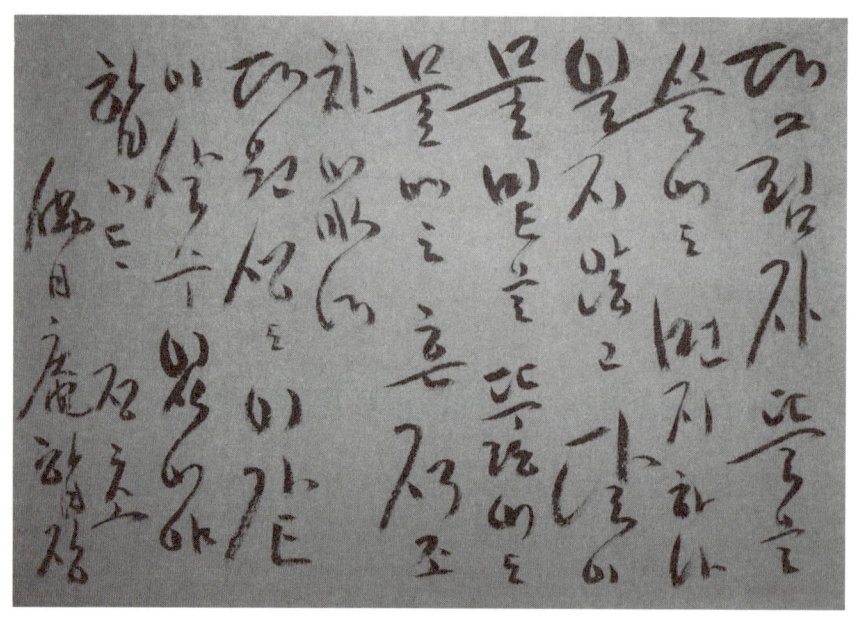

야보 선사의 선시,
"대그림자 뜰을 쓸어도 먼지 하나 일지 않고
달이 물 밑을 뚫어도 물에는 흔적조차 없네."를 인용하여
사람도 이처럼 살아가야 함을 일러 주신 법정 스님의 편지글이다.

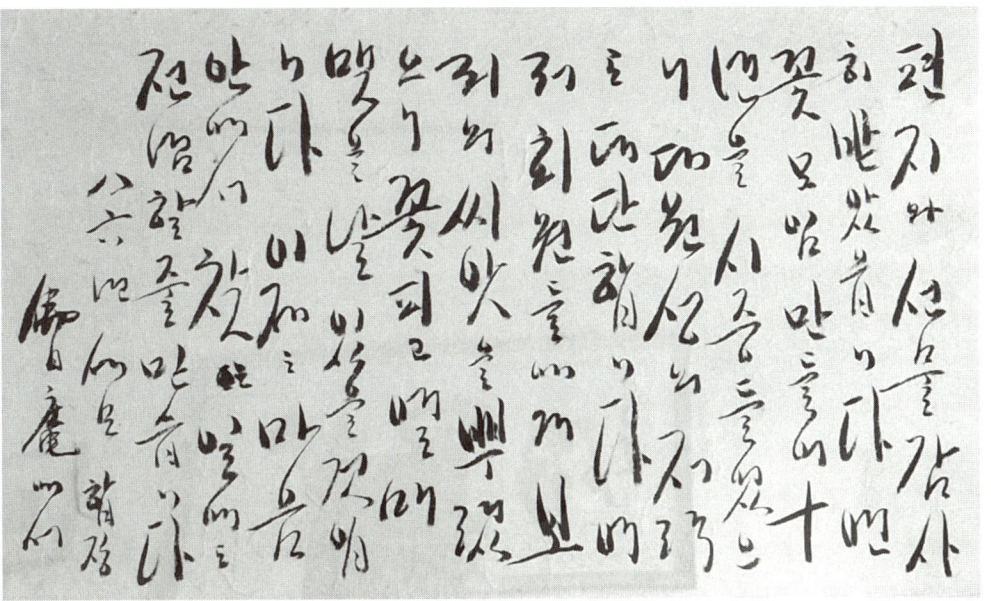

우리 집 거실에서 가장 잘 보이는 벽에
법정 스님께서 써 주신 글씨가 걸려 있다.

옴 갓
골 주 하
부 울 나 때
롤 산 심 날 주
갑 꼷 곱 가 슬 □
잡 은 한 살 □
합 이 나 편 편 비
장 장 들 지

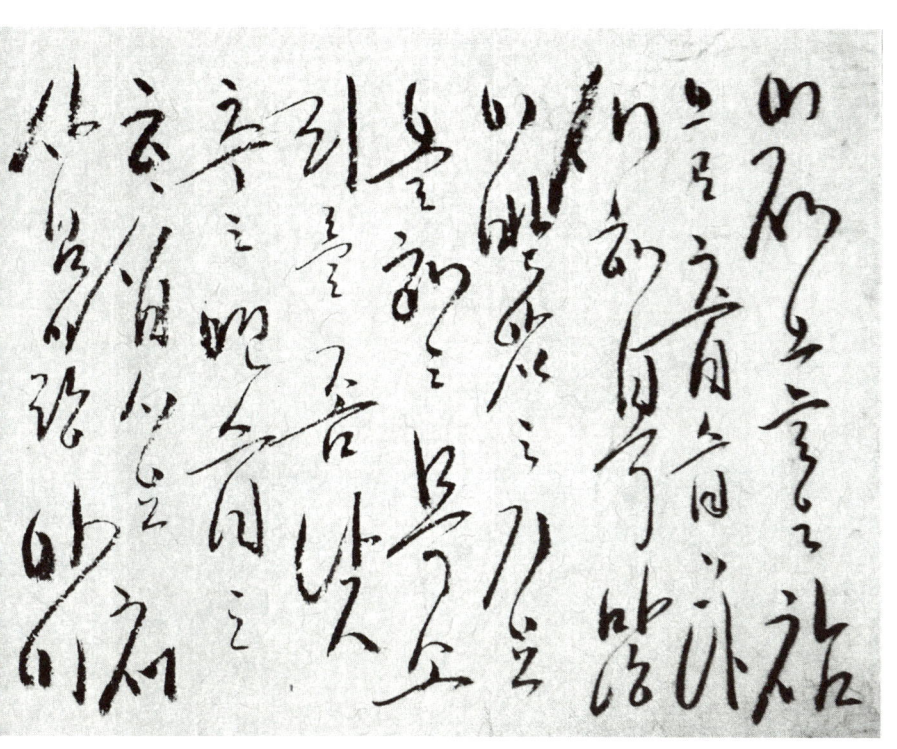

평소 회원들을 통솔하느라 큰 소리를 자주 내던 나에게
"목소리를 좀 낮추는 연습을 하십시오."라고
충고도 아끼지 않으셨던 법정 스님.

법정 스님께서는 신도 집보다 주로 오륜동에 있는 명상의 집에서 묵으셨다. 어느 해 부산 광복동 길에서 우연히 약속도 없이 스님을 만났을 때가 있었다. 우리 일행은 갑자기 나타난 스님이 너무 반가워 폴짝폴짝 뛰면서 어쩔 줄 몰라 했다.

마침 저녁 공양 때가 되어서 가까운 냉면집에 들어가 스님께 공양을 대접하게 되었다. 스님은 온면을 시키셨는데 면 위에 고명으로 올려진 계란을 떠서 내 그릇 위에 올려 주시며 "나는 전생에 너무 많이 먹어서 금생에는 안 먹으니, 이것은 대원성이 먹고 더 많이 크십시오."라고 하셨다. 그리고 그때 음식에 따라 나온 가위를 처음으로 보시고는 신기해하시며 말씀하셨다. "역시 부산은 다르군. 음식에 웬 가위가…."라고 하시며 놀란 표정을 지으셨다. 사실 우리도 그날 식당에서 가위를 처음으로 사용했던 터라 지금도 생각이 난다.

스님께서는 그날 저녁 중앙성당에서 초청 강의가 있어 오신 길이었다. 공양을 마치고 성당까지 스님을 모셔 드린 우리는 성당 안 한쪽에 자리하여 스님의 강의를 듣게 되었다. 한 구절의 성경 말씀과 한 구절의 법구경 말씀을 반반씩 섞은 강의는 참으로 큰 감동이었다. 스님의 말씀마다 성당을 가득 메운 신자들의 박수 소리가 끊이지 않았을 정도였다. 그들은 생전 들어 보지 못했던 법구경 구절에 더욱 감동받은 눈치였다.

그곳에서 스님과 우리는 눈 한번 마주칠 기회조차 없었고, 신부님과 수녀님들이 스님을 둘러싸고 오륜대 명상의 집으로 모시고 가는 모습은 참으로 신기한 광경이었다. 스님께서는 신부님과 수녀님들 또한 스님들처럼 수행을 하시니 대화가 잘 통하여 좋다고 하셨다. 타 종교인과의 격의 없는 모습이 참 신선해 보였다.

법정 스님은 내게 늘 충고도 아끼지 않으셨다. 나는 언제나 많은 회원들을 이끌고 버스 두세 대로 함께 다니다 보니 개개인의 행동을 통제하기가 어려울 때가 많아 늘 큰 소리로 나무라기도 했었다. 그런 내 모습을 보신 스님께서는 내 별명을 '장전동 방송국장'이라 지어 주셨고, "오늘은 장전동 방송국장님이 출타를 해서 장전동이 조용하겠군."이라고 하시곤 했다. 연하장 글을 주실 때에도 "올해는 목소리를 좀 낮추는 연습을 하십시오."라고 말씀하셨다.

물론 칭찬도 아끼지 않으셨다. 연꽃모임을 만들어 인로왕引路王 노릇을 하느라 수고가 많다고 내게 말씀하셨고, 내가 한글 금강경 사경 책을 만들어 수만 권을 법보시로 보급하였을 때 스님께서 그 책을 보시고 크게 칭찬하시길, "대원성! 그 책 참 잘 만들었어. 참 잘했어. 아주 잘했어. 우리 중들도 '하이고何以故 운하항복기심云何降伏其心이니고' 하면 뜻을 잘 모르는데 어찌 일반 신도들이 알겠어? 그러니 대원성이 아주 잘한 일이야." 하시며 거듭 몇 번이나 극찬을 해 주셨다.

연꽃모임 특별 법회로 불일암에 갔을 때 "이곳보다 더 좋은 장소가 있다." 하시며 신록이 짙은 나무 아래에서 야단법석으로 법문을 들려주셨던 모습이 지금도 생생히 기억에 남아 있다.

1984년이었을 무렵, 송광사에서 하계 수련회가 있었을 당시 친한 도반 두 명과 함께 가게 되었다. 먼저 법정 스님이 계신 불일암에 들러 하룻밤을 보내고 다음 날 수련회에 참여하기로 했다. 스님께 나는 내일부터 수련회가 끝나는 날까지 닷새 동안 묵언을 하겠다고 하자, 스님께서는 "뭐? 대원성이 묵언을 한다고?" 하시면서 믿지 못하겠다는 표정으로 피식 웃으셨다.

다음 날 송광사에서 수련이 시작되어 법문과 백팔 배, 참선 순으로 진행되고 있을 때, 법정 스님께서 지나가시다가 나를 보시고 "할 만해?" 하시기에 조용히 묵언 패를 들어 보였더니 한번 두고 보겠다는 듯 웃으며 지나가셨다.

원래는 5일 중 3일 째에만 묵언으로 진행되었는데 나는 기어이 5일 동안 묵언을 지키게 되었다. 이를 계기로 스님께서는 "부산 장전동 방송국장도 5일 묵언을 했으니 앞으로는 수련회에서 5일 모두 묵언으로 정해야겠다."라고 하셨는데, 정말로 그다음 해 우리 처사님이 수련회에 갔을 때부터 5일간 묵언을 했다고 한다. 이렇게 송광사 수련회의 역사를 다시 쓰게 된 동기가 되기도 했다.

1967년 부산불교청년회에서 해인사로 수련회를 갔을 때이다.
앞줄 왼쪽 두 번째부터 법정 스님, 고암 스님, 수산 스님.

지관 큰스님

시간의 소중함을 일깨워 주신 스님

1967년 부산불교청년회 수련회로 해인사에 갔을 때 지관 큰스님을 처음 뵙고 법문을 듣게 되었다. 스님은 마른 체구에 눈이 크셨고 스님의 손에는 늘 펜이 들려 있었다. 스님께서 노트에 사인으로 글을 써 주셨는데 나는 그것을 지금도 앨범에 고이 간직하고 있다. 그 인연으로 가끔 스님께 편지를 부치면 답장이 와서 스님의 안부를 알게 되었다.

해인사에 갈 때면 일타 큰스님과 함께 지관 스님도 만나게 되었다. 또 스님께서 서울 동국대학교 학장과 총장을 맡으실 때도 연꽃모임 회원들과 축하해 드리기 위해 참석하기도 했고, 경주 동국대학교 정각원 불사와 병원 건립에도 우리 모임이 접수번호

1번으로 동참하였기에 스님과는 지중한 인연으로 마치 가족 같은 관계였다.

음력 3월 부산 범어사에서 보살계 산림이 열릴 때마다 교수 아사리를 맡으셨던 지관 스님은 특별한 행사가 있어서 부산에 오실 때면 연락이 닿았고, 그때마다 연꽃모임과 일심회 회원 등 많은 도반들과 이웃들을 불러 모아 우리 집에서 마을 법회를 열기도 했었다. 스님께서는 불명이 없는 회원들에게 불명을 지어 주셨고, 연꽃모임 특별 기념 법회에 초청할 때면 거절하지 않으시고 약속을 지켜 주셨던 고마운 스님이셨다.

당시 시내의 새마당 예식장 같은 장소에서 우리 연꽃모임 주최로 특별 법회를 하게 되었을 때에도 두 번씩이나 일부러 오셔서 부산 불자들에게 선물 같은 법문을 들려주시곤 했다. 그 시절에는 지금처럼 운집 대법회를 하기도 어려웠고 스님의 법문을 접하기도 쉽지 않았을 때여서 우리 연꽃모임의 행사는 축제나 다름없었다. 특히 큰스님들을 친견하는 자리가 쉽게 이루어질 수 없었기에 우리 행사는 귀한 신심의 발로였다.

1977년 1월 22일에 태어난 연꽃모임은 그 당시 신행 단체가 없을 때였기에 스님들의 관심과 사랑이 더욱 컸었고, 더구나 30대 젊은 여성 불자들의 모습은 교계의 큰 화젯거리가 되기도 했다. 지관 스님께서는 수시로 책과 인쇄물을 보내 주시며 회원들의

1980년 범어사에서 봉행된 보살계 산림에서 지관 스님과 함께 찍은 사진이다.

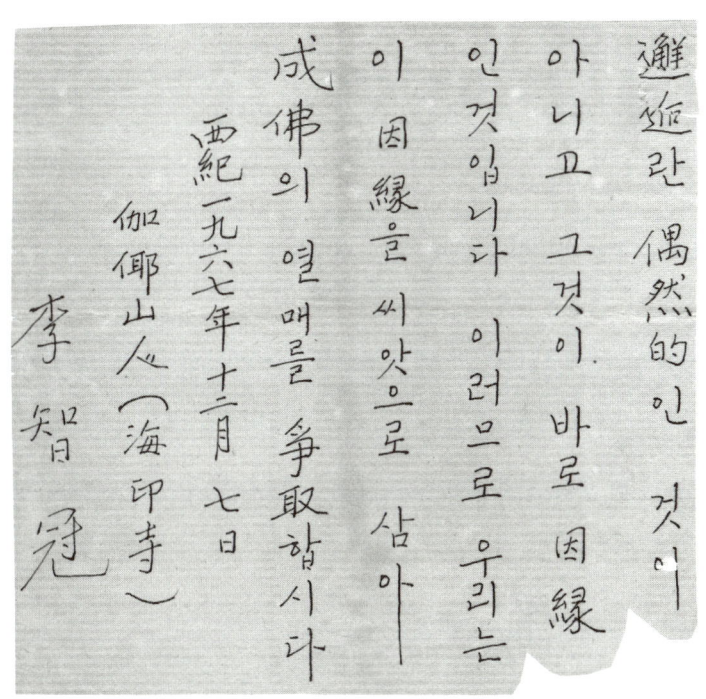

스님께서는 일하시거나 기도하시는 시간 외에는
늘 한 손에 펜을 들고 계시던 분이셨다.
사진은 지관 스님께서 보내 주신 서신.

신심이 시들지 않기를 발원해 주셨다. 그때 스님께서 초발심 회원들에게 보내 주신 신심에 도움이 될 만한 책과 선물들을 아직도 보물처럼 간직한 회원들의 이야기를 들으며 내게는 '보람'이라는 단어가 남게 되었다.

스님은 잠시도 쉬지 않는 부지런함이 몸에 익숙하여 항상 시간을 아끼고 소중히 여기셨다. 범어사 보살계에 오실 때마다 언제나 밤차로 이동해서 새벽에 도착하셨고, 우리 집에 들르셔서 아침 공양을 하시고 범어사에 가시곤 했다. 그때마다 오랜 시간 밤차를 타고 오시기에 하도 이상해서 여쭤보니, 스님께서는 "밤차로 오면 잠을 자면서 부산까지 올 수 있는데, 왜 벌건 대낮에 시간 아깝게 차를 타야 해?" 하고 말씀하셨다. 시간을 아껴 쓰고자 하셨던 스님만의 철학이었다. 나는 이 말씀을 듣고 크게 놀라며 깨달음을 얻게 되었고 그로부터 시간에 대한 가치와 소중함을 알게 되어 삶의 교훈으로 삼았다.

스님께서는 노력으로써 늘 수행하셨던 분이셨다. 우리 내외가 신혼여행으로 해인사에 갔을 때였다. 버스를 타고 해인사 가까이 갔을 무렵 스님께서 버스에 올라타셨을 때 우리가 너무 반가워하며 "스님, 어디 다녀오시는지요?" 하고 여쭤보자, 논에서 혼자 일하다가 날이 저물어서 돌아오는 길이라고 하셨다. 옷과 팔에는 흙이 잔뜩 묻어 있었는데, 왜 혼자서 일을 그렇게 하셨는지는 묻지 않았다.

　스님은 일하지 않는 시간에는 늘 펜을 손에 들고 계셨던 모습이셨다. 지관 스님의 노력을 일타 큰스님께서도 증명해 주셨다. 지관 스님께서 동국대 총장으로 계셨을 때 일타 큰스님께서 이런 말씀을 하셨다. "지관 스님은 끊임없이 노력하고 시간을 헛되이 보내지 않는 스님이다. 그래서 오늘날 동국대학 총장의 중책을 맡을 만큼 자격이 갖추어진 스님이다."라고 하시며 언젠가 스님을 만나러 가셨던 이야기를 해 주셨다.

　일타 스님께서 서울에 간 김에 지관 스님을 한번 만나고 싶어서 찾아갔는데, 손에 펜을 쥐고 글을 쓰면서 손님이 곁에 있다는 사실조차 잊은 채 삼매에 들어 글만 쓰고 있었다는 것이다. 하마나 하마나 기다리다가 조금 민망한 마음이 들어 "많이 바쁘신가 보죠?" 하고 물었더니, 도리어 지관 스님은 하던 일에 너무 몰두한 나머지 "뭐 하실 이야기라도?"라고 하셨다는 것이다. 더는 할 말이 없어서 돌아오는 길에 서운한 마음이 없지는 않았지만 오히려 그 모습이 대견하고 고마웠다고 하셨다.

　과연 큰스님들의 마음 세계는 역시 우리와는 다른 수행의 노력이 있음을 알게 되었다. 그 후로 나는 잠시도 쉬지 않는 스님의 모습을 많이 닮고 싶어 했다. 어느덧 흘러간 세월 속에 까마득히 멀어져 간 옛이야기를 추억해 본다.

법전 큰스님

홍시를 보면 스님이 생각난다

법전 큰스님은 해인사에 계셨던 스님이셨다. 1980년 가을 어느 날, 일타 큰스님과 함께 우리 집에 오신 적이 있었다. 점심 공양을 차려 드리고 나서 차와 과일을 올렸는데, 법전 스님께서는 그중 잘 익은 홍시를 드시면서 "내 육십 평생 이렇게 달고 맛있는 홍시는 처음 먹어 본다."라고 말씀하셨다.

당시 우리 집 마당에 감나무가 한 그루 있었는데 유난히 그 나무에 열리는 감이 꿀처럼 달았다. 나도 여태껏 살면서 그 나무에서 딴 홍시만큼 맛있는 홍시를 먹어 보지 못했으니 아마 스님도 그러셨던 모양이다.

그렇게 한참을 머무르셨다가 스님들께서 가실 때에, 내가 도자기 그릇에 홍시를 가득 담아 "먼 길 가시면서 차에서 드십시오." 하며 드렸더니 스님께서 무척 좋아하셨다. 이렇게 작은 정성이라도 스님께서 만족해하실 때면 내가 더 행복했다.

돌이켜 보면 일타 스님께서는 우리 집에 오실 때마다 마치 출가한 딸네 집에 오듯이 편하게 다른 손님들도 함께 모셔 오시곤 했다. 아마도 스님께서 내게 복 지을 기회를 주시려는 마음이시지 않았을까 생각한다.

작은 정성에도 크게 고마워하셨던 법전 스님(오른쪽)과 일타 스님의 모습이다.

혜암 큰스님

성의와 예의의 중요성을 배우다

혜암 큰스님은 해인사 원당암에 주석하셨던 스님이셨다. 한번은 스님께서 일타 큰스님과 우리 집에 오신 일이 있었는데, 그때 범어사에서 수계 법회가 열려서 부산에 오셨다가 저녁 공양을 하러 우리 집에 들르셨다. 큰스님 아홉 분과 상좌스님 아홉 분께서 오셨기에, 우리 연꽃모임 회원들과 주변의 인연 있는 불자들이 몰려와 큰 잔칫날 같은 날이었다.

공양을 마치고 스님들께서 나가실 때 작은 선물을 하나씩 나눠 드리려는데, 현재 미국 보스턴 문수사의 회주로 계시는 도범 스님께서 선물을 대신 나눠 드리겠다고 하셨다. 2층 계단에서 스님 한 분 한 분께 선물을 나눠 드렸고, 해운대 글로리호텔 본부장이셨던 정종택 거사님이 스님들을 모두 모시고 호텔로 가서 목욕도 하시고 잠도 편히 주무시도록 하겠다고 했다. 참 고마운 인연이었다.

　스님을 모시고 싶어도 쉽게 되는 일이 아닌데 큰스님들께서 잘 차리지 못한 공양을 맛있게 드시고 가실 때마다 나는 신심의 기쁨으로 온 집안이 행복 도량이 되는 기분이었다.

　이듬해 여름이었다. 마산 연화유치원의 원장이었던 친구로부터 자모들을 모아 마산 연꽃모임을 창립해 달라는 부탁을 받게 되었고, 거해 스님을 모시고 가서 법회를 시작하였다. 초발심의 젊은 엄마들을 데리고 제일 먼저 불보사찰인 통도사로 안내했고, 다음으로는 법보사찰인 해인사로 데리고 갔을 때였다.

　원당암으로 가는 길목에서 혜암 스님을 만나게 되어 반갑게 인사를 드렸더니, 스님께서 나를 보시고는 "옳거니! 그 보살이 왔구나." 하시면서 알아봐 주셨다. 그러면서 하시는 말씀이, "선물은 그렇게 주는 것이 아니고 스님들이 앉아 있을 때 한 사람 한 사람씩 앞에서 나눠 주는 것이지. 우르르 나갈 때 주니까 빠뜨리는 경우가 생기지."라고 하시는 것이었다. 그 말씀은 스님께서 당시에 선물을 받지 못하셨다는 뜻이었다. 나는 그 말씀을 듣고 깜짝 놀라 "여연 스님이 대신 받아 가셨는데 스님께 전해지지 못했나 봅니다."라고 말씀드려 오해는 풀렸지만, 스님께서 민망해하셨을 일을 생각하면 너무나 송구스러웠다. 그때 스님께서 일러 주신 그 말씀은 내게 큰 가르침이 되었다.

  선물이 중요한 것이 아니라, 다른 스님들이 다 손에 들고 가실 때 받지 못한 분이 계시면 서운해하실 수도 있겠다는 생각이 들었다. 그 후 나는 그 말씀을 기억하며 누구에게라도 실수하지 않으려고 마음을 담아 선물을 전하게 되었고, 본인 앞에서 정성을 표해야 한다는 것을 지키게 되었다. 다시 한번 기회가 된다면 스님의 말씀대로 잘해 드릴 수 있을 텐데, 스님께서는 만날 수 없는 곳으로 떠나셨다.

월하 큰스님

수미산에서는 수미산을 볼 수 없다는 가르침

월하 큰스님과의 인연도 우리 아버지와의 인연이 먼저였다. 연꽃모임이 창립된 해인 1977년, 음력 3월 통도사 보살계 산림법회에 처음으로 우리 회원들을 데리고 가서 월하 스님의 법문을 듣게 되었다.

월하 스님께서는 인자하고 따뜻하신 성품으로 당대에 존경받던 큰스님이셨는데, 말씀하실 때 발음이 살짝 분명하지 않아 듣는 사람에 따라 법문의 해석이 조금씩 다를 때가 있었다. 나는 그날 월하 스님께서 하신 법문 말씀 중에 지금도 기억하는 대목이 하나 있다.

"이가 사람의 등에 살면서 사람의 등인 줄 모르듯(옛날에 사람의 몸에 이가 많았던 시절의 이야기를 비유하신 말씀이셨다), 사람은 수미산 속에서 수미산을 볼 수가 없다. 그 수미산을 떠나서 수미산을 봐야만 수미산을 볼 수 있다."

 다시 말하자면, 자기를 떠나 자기를 보아야 진정한 자기를 알 수 있다는 큰 가르침의 말씀이셨다. 그런데 그날 그 법문을 회원들이 잘 알아듣지 못해 내게 질문을 하기도 했다. 나는 아직도 월하 스님의 그때 그 법문 말씀을 항상 생각하며 나를 떠나 나를 보는 마음을 잊지 않으려고 노력하고 있다.

 월하 스님께서는 말년에 연세가 많아지시면서 밥 대신 경주 삼릉 칼국수 집에서 먹는 국수 한 그릇이면 배가 부르더라고 하시기도 했다. 스님께서 써 주신 병풍과 액자 속 붓글씨가 스님의 자취로 내게 남았는데, 그 시절 이야기들이 점점 빛바랜 추억으로 변해가는 느낌이 들 때마다 꺼내어 본다.

월하 스님께서 써 주신 붓글씨.
'같은 가운데서도 다른 뜻이 있으나
그 본질은 같다'는 스님의 가르침을
늘 가슴속에 새기고 있다.

보성 큰스님

스님께서 손수 까 주신 잣

    1967년 해인사로 부산불교청년회 수련회를 갔을 때였다. 11월 중순이어서 제법 쌀쌀한 날씨였다. 오후 늦게 해인사에 도착한 우리는 경내에 들어서면서부터 지금까지 느껴 보지 못했던 숙연함 속에서 차분한 마음으로 법당에 참배하고 홍제암으로 갔다.

    2박 3일 동안 우리를 맡아 주실 담임 스님과의 면담이 있었다. 그때 그 스님이 송광사 방장스님이셨던 보성 큰스님이셨다. 스님께서는 우리와 첫인사를 나누고 절에서 지켜야 하는 예법과 수련회 일정을 알려 주셨다.

    첫 번째로 밤 9시면 잠을 자야 하는 시간이니 조용히 하고 도량을 걸을 때는 뒤꿈치를 들고 조용히 다녀야 하며 큰 소리를 내지 말아야 한다고 일러 주셨다. 그리고 새벽 예불에는 절대 빠지지 말고 공양 시간도 반드시 지켜야 하며, 수련에서 빠질 수 없는 참선과 백팔 배, 그리고 큰스님들의 법문을 차례로 듣게 될 예정이라고 말씀해 주셨다.

저녁 공양 후 보성 스님께서는 첫날이라 우리들이 있는 방으로 찾아오셨다. 스님은 우리에게 "줄 것이 없어서…." 하시면서 한 가득 들고 오신 잣을 손수 집게로 눌러 까 주셨다. 우리 일행들은 잣이 바닥에 떨어지기가 무섭게 얼른 주워 먹으며 즐거워했다. 스님도 그런 우리를 귀엽게 여기시고 계속 열심히 잣을 까 주셨다. 그때 스님이 얼마나 힘드실까 걱정하는 사람은 한 명도 없었다. 마냥 좋아서 스님 곁으로 가까이 몰려들어 잣이 떨어지기만 기다렸다.

밤 9시가 되면 자야 한다고 당부하셨던 스님마저도 시간 가는 줄 모르고 계시다가 11시가 넘어서야 시계를 보시고 깜짝 놀라시며 황급히 나가셨다. 그 모습이 지금도 생생히 기억에 남아 있다. 그 당시 스님의 세수가 겨우 30대 후반이셨을 것이다. 그때 스님께서 공책에 써 주신 '初心(초심)'이라는 두 글자는 아직도 내 앨범에 고이 간직하고 있다.

다음 날 보성 스님께서는 우리를 데리고 성철 스님, 일타 스님, 법정 스님, 지관 스님의 방을 차례로 돌며 인사를 드렸고 법문을

1967년 해인사 수련회 때 사중 스님들과 함께한 모습이다.
앞줄 오른쪽 두 번째부터
보성 스님, 지관 스님, 주지 지월 스님, 법정 스님.

보성 스님께서는 누구에게나 차별 없는 모습이셨고
계행에 어긋남이 없으셨던 참된 수행자셨다.

듣게 해 주셨다. 우리에게는 힘든 수련이기보다 새롭고 즐거운 시간이었다.

짧은 수련회를 마치고 고암 종정 스님으로부터 수계(오계)를 받고 불명을 받았을 때 보성 스님께서 증명법사로서 함께 자리를 지켜 주셨다. 우리 모두 처음으로 불자가 되었다는 단단한 긍지를 느끼며 마냥 행복했던 그날을 어찌 잊을 수 있을까. 그 후로 우리 청년회 회원 모두는 더욱 돈독한 우정으로 신심 있는 불자가 되었고 넘치는 에너지로 활발하게 활동할 수 있었다.

나는 당시 회원 중 한 명이었던 노성원과 결혼하여 가정을 꾸리게 되었고, 아이들의 부모가 되었을 때도 큰스님들과의 인연에는 변함이 없었다. 가끔 해인사 큰스님들께서 부산으로 오시는 날에는 우리 집에 꼭 들러 주셨다. 특히 범어사 수계 산림법회가 있을 때마다 일타 스님과 여러 스님들께서 함께 오시면 조촐한 공양을 대접해 드리기도 했다. 그때 보성 스님께서는 누구에게나 따뜻한 미소와 차별 없는 모습으로 반겨 주셨고 참으로 정이 많으셨다.

그 후 보성 스님께서 송광사에 주석하고 계셨을 때 내가 도반들과 함께 여름 수련회에 참가하게 되어 스님을 다시 뵙게 되었는데, 그때도 우리를 반갑게 맞아 주시며 사진도 찍고 옛날이야기도 하며 한참 웃기도 했다.

스님은 스스로 철처한 수행 본분을 지키시며 계행戒行에 어긋남이 없으셨고 시간을 허투루 쓰는 일이 없으셨다. 너무도 부지런하셨던 스님의 일상은 마치 살아 있는 법문의 모습이었고 언제나 인자한 할아버지처럼 입가에 잔잔한 미소를 지으셨다.

예전에 스님께서 우리 집에 오셨을 때, 마당에 조롱박이 주렁주렁 열려 있는 것을 보시고 "신기한 도회지 집"이라며 좋아하셨는데, 그 모습이 아직도 내 기억 속에 선명하건만 스님은 세월 속에 숨어 버리시고 지금은 어디에서 무얼 하며 계실까 궁금해진다. 옛날 그 시절이 그립다.

경우 큰스님

아버지의 오랜 바둑 친구셨던 스님

　경우 큰스님께서는 부산 대각사 주지스님으로 계셨고 그때 우리 집은 담 하나 넘어 길 건너편에 있었다. 내가 처녀였던 시절, 아버지께서는 새벽 예불에 꼬박꼬박 참석하셨는데 새벽 종소리가 댕 하고 울리면 "풋보살아, 절에 가자!" 하시면서 나를 깨우셨다.

　아버지를 따라 새벽 예불을 드릴 때면 잠도 말끔히 깨지만 마음까지 맑아지고 가벼워지는 나를 발견하게 되었고, 특히 이산 혜연 선사 발원문을 읽을 때 "아이로서 출가하여 귀와 눈이 총명하고 말과 뜻이 진실하며 세상일에 물 안 들고 청정범행 닦고 닦아 서리같이 엄한 계율 털끝인들 범하리까. 점잖은 거동으로 모든 생명 사랑하고 이내 목숨 버리어도 지성으로 보호하리."라는 대목과 "흉년 드는 세상에는 쌀이 되어 구제하고 모진 질병 돌 적에는 약풀 되어 치료하리."라는 서원의 글귀가 나를 발심하게 했다.

그렇게 나는 신심 있는 불자가 되기 위해 스스로 백 일 동안 조석 예불에 참석하여 기도를 하기로 했다. 아침저녁으로 하루 두 차례 백팔 배를 했고, 며칠 만에 법화경 독송 요품要品과 반야심경도 외우게 되니, 아버지께서는 내가 덜컥 출가라도 할까 봐 놀라고 걱정이 되셨는지 어느 날부터인가 "이제 절에 가지 말자."라고 하셨다.

너무 놀라고 의아하여 이유를 여쭤보니, 비구 스님이 계신 절에 처녀가 너무 열심히 다니는 모습이 좋지 않다고 하셨다. 아버지답지 않은 대답에 이해가 되지 않았지만, 아버지는 그때부터 나를 지키느라 본인도 예불에 가지 않으셨다. 나는 무슨 핑계를 대서라도 몰래 집을 빠져나와 절에 갔고, 급히 백팔 배를 하고 헐떡이며 기도를 했다. 절과 우리 집이 담장 하나를 사이에 둘 정도로 가까웠기에 가능한 일이었다.

한편 아버지는 틈만 나면 경우 스님과 바둑 친구가 되어 대각사를 찾았고, 놀다가 오실 때면 언제나 화가 난 얼굴이셨다. 그때마다 "다시는 중하고 안 논다."라는 말씀을 되풀이하셨다. 알고 보니 아버지보다 수가 낮은 스님께서 번번이 지게 되니 아버지의 시선을 다른 곳으로 돌리게 한 다음 슬쩍 돌 하나를 더 놓아 도리어 아버지를 지게 했다는 것이었다. 그런데도 경우 스님은 또다시 담장 너머로 얼굴을 내밀며 아버지를 부르셨다. "처사님, 처사님! 이제 다시는 안 속일 테니까 마음 풀고 오십시오."

그러면 마음이 여리고 귀가 얇았던 아버지는 또다시 가서 놀다 가 오셨고, 오실 때는 또 화가 난 모습이셨다. 그렇게 스님과 아버지는 재미있는 이웃이자 친구가 되었고, 나 역시 어렵지 않게 스님을 가까이에서 뵐 수 있었다. 나는 대각사 청년회에 가입하였고 그곳에서 회원 노성원을 만나 결혼까지 했으니, 대각사는 나와 내 가족이 참불자의 삶을 살도록 한 인연 깊은 도량이나 다름없었다. 그런데 가정을 꾸려 네 아이를 키우고 신행 단체를 만들어 포교 활동을 하다 보니 바쁘다는 핑계로 스님을 자주 찾아뵙지 못했다.

어느 해 초파일 등을 달기 위해 큰딸과 대각사에 갔을 때 경우 스님께서 나를 보시고 "신기해라, 신기해라! 명초당 딸이 왔네!"라고 몇 번이나 되풀이하시면서 반가워하셨다. 스님은 그때 아버지와의 옛이야기를 하시면서 껄껄 웃으셨고 나도 아버지의 이야기를 거들며 함께 즐거워했다.

스님께서는 우리 아버지가 돌아가신 후로는 단 한 번도 바둑을 둔 일이 없으셨다고 말씀하셨다. 언제 한번 공양을 모시고 싶다고 말씀드렸더니 태종사 도성 스님과 같이하면 좋겠다고 하셨다. 그러나 스님께서는 그 시간을 기다려 주지 않으시고 입적하셨고 나는 스님과의 약속을 영영 지킬 수가 없게 되었다.

경우 스님(가운데)께서는 옛날 우리 집과 담장 하나를 사이에 둘 정도로 가까이 있었던 대각사의 주지스님이셨기에 아버지와도 각별했던 분이셨다. 왼쪽은 일타 스님.

혜정 큰스님

스님께 공양 올리는 인연의 소중함

　혜정 큰스님과는 개인적으로 친견한 적은 없었지만, 우리 집에 두 번 오셔서 공양하고 가신 일이 있었다. 두 번 모두 음력 8월 초하루 일타 큰스님의 생신날에 함께 오셨던 인연이었다.

　혜정 스님께서 일타 큰스님께 올린다며 두 번이나 커다란 2단 케이크를 사서 들고 오셨다. 우리가 미리 준비한 3단 케이크에 쌓아 올리니 5단의 높이가 되어 탑처럼 멋진 케이크가 완성되었다. 공양을 마치고 우리 회원들과 박수를 치며 일타 스님께 생신 축하 노래도 불러 드렸다.

　잔치 분위기가 무르익었을 때 갑자기 혜정 스님께서 "이 집 주인이 누군지 한번 봅시다."라고 하시기에, "제가 이 집의 주인입니다."라고 대답했다. 스님은 앞치마를 두르고 분주히 움직이던 나를 보시며 "아이고, 이 작은 보살이 무슨 복으로! 보통 복이 아닐세. 우리 스님들도 오늘처럼 이렇게 많은 스님들을 청하기가 쉽지 않고, 청한다 해도 이만큼 모이기가 어려운데 무슨 복으로 이렇게 큰스님들께 공양을 올릴 수 있었을까?" 하시면서 몇 번이나 스님께 공양 올리는 인연이 부럽다고 칭찬하셨다.

스님 말씀처럼 내가 잘하지는 못했어도 복이 많다는 사실만큼은 나도 느꼈던 바이기에 감사했었다. 한번은 일타 스님께서 다른 스님들과의 관계가 두루 원만하셔서 생신날을 맞아 범어사 수계 산림 증사 스님 아홉 분과 함께 우리 집에 오셨다. 스님들이 오신다는 소식에 이웃과 회원들 60여 명이 와서 이층집이었던 우리 집 전체가 발 디딜 틈이 없을 정도였다. 이럴 때마다 나는 신심으로 전혀 힘든 줄 몰랐고 그저 즐겁게 일할 수 있었다. 내 젊은 날의 행복이었다.

그 후 법주사에 계신다는 혜정 스님을 꼭 한번 찾아뵈러 가리라 마음을 먹었는데 스님께서 열반에 드시어 떠나시고 말았다. 건강하고 인자한 모습의 스님을 이제 다시 뵐 수 없다니 마음이 아프다.

법화 큰스님

내게 복 지을 기회를 주신 스님

  내가 처녀였던 시절, 진주 응석사 주지 묘찬 스님께서 서울 동숭동에 위치한 영산법화사의 법화 큰스님을 친견하러 가실 때였다. 나도 같이 따라가게 되었는데, 그때 처음으로 법화 스님을 뵙게 되었다. 당시 스님은 60대의 인자한 모습으로 나를 반갑게 맞아 주셨고, 그때 그 모습이 지금도 그대로 기억에 남아 있다.

  법화종인 영산법화사의 법화 스님께서는 조계종 스님들과는 다르게 노란 가사 장삼을 수하셨고, 그곳에서는 오직 묘법연화경만 수지 독송하는데, 예불과 기도의 형식이 모두 내게는 생소하여 난감하기까지 했다.

  신도님들 모두 쌀 한 자루씩을 부처님 전 탁자 아래에 넣어 두고 매일 한 그릇씩 새것으로 바꿔서 공양을 올리고, 작은 접시에 참기름으로 인등을 밝혀 두었다가 꺼지지 않게 새벽마다 확인하며 정성을 다하는 모습을 보며 대단한 신심으로 느껴져서 부럽기도 하고 크게 감동하기도 했다.

그뿐만 아니라 새벽 기도를 마치고 난 후에도 거의 매일 절에서 아침 공양을 스님과 함께 하고 가는 모습이 신기하고 좋아 보였다. 매일 올리는 쌀이 있어 공양간은 언제나 풍족했고, 신선한 음식을 마음껏 발우공양할 수 있는 생활이 자연스러웠으며, 신도님들 모두 한 가족처럼 편안하고 행복해 보였다.

기도 방법이 조금 달랐는데, 우리가 매일 관세음보살님의 명호를 부르듯 그곳 신도님들은 "나무 묘법연화경"을 소리 내어 봉창했으며, 조석 예불에서는 독송 요품要品을 읽었고 평소에는 제목으로 "나무 묘법연화경, 나무 묘법연화경, 나무 묘법연화경"이라 외니 내게는 너무 낯설었지만 그들은 익숙하고 행복한 모습이었다.

스님께서는 왜 법화경이 좋고 꼭 믿어야 하는지를 열심히 내게 설명하시면서 법화 행자가 되어야 한다고 하셨지만, 당돌한 처녀였던 나는 끝까지 스님께 "스님! 저는 조계종 신도로서 법화경을 애독하고 공부하겠습니다."라고 답하며 스님의 뜻을 따르지 않았다.

그래도 스님의 따뜻하고 인자하셨던 모습과 말씀을 존경하게 되어 나는 스님을 따랐었다. 1968년 강화 보문사에서 두 달 동안 기도를 하고 있을 때였다. 법화 스님께서 신도들에게 "부산 처녀가 기도하는데 보러 가자."며 버스를 대절하여 오셨던 적이 있었다. 그때는 삼산면 석모리까지 배를 타고 와서 가파른 산길을 걸어 고개를 넘어야만 보문사에 갈 수 있었기 때문에 서울에서 당일로 다녀가기는 어려웠을 때였다.

겨우 굴법당 제대성중 법당만 참배하고 내가 기도하고 있는 산 위의 눈썹바위 관세음보살님을 친견할 시간이 되지 않아 신도님들은 돌아가야만 했는데, 스님 혼자만 기어코 나를 보고 가야 한다며 숨이 차도록 땀까지 흘리시며 내가 기도하는 곳까지 올라오셨다.

스님께서는 마지막 배로 서울에 가야 해서 바삐 돌아가야 한다며 깔깔한 신권의 돈 만 원을 주시면서 부산 가기 전에 법화사에 들렀다가 가라고 말씀하셨다. 그리고 서울 신도님들이 나에게 준다고 과일이며 과자며 먹을 것을 저 아래 소나무 밑에 잔뜩 두고 가니 기도 마치면 챙겨 가서 사중 여러분과 나눠 먹으라고 알려 주셨다.

그런데 기도를 마친 뒤 스님의 말씀대로 소나무 아래에 갔더니 아무것도 없었다. 그날은 마침 일요일이었고, 매일 바다에 나가

1969년 7월, 법화 스님과 함께한
우리 내외의 젊은 시절 모습이다.

새우잡이를 하는 어부들과 마을 사람들 사이에 부산 처녀가 와서 기도한다고 소문이 난 뒤라서 나를 보러 왔던 사람들 중 누군가가 가져갔던 것이었다. 너무 속상하고 화가 난 내게 같이 기도하고 내려온 도의 스님께서는 "네 덕에 오늘 복 많이 지었다. 이 섬 사람들이 모두 가난한데 언제 그런 걸 먹어 보겠니? 누군가 훔쳐 갔겠지만 잘된 일이라 생각하고 서운한 마음은 지워라."고 말씀하셨다. 그래도 나는 그 일이 생각날 때마다 속상한 마음을 지울 수가 없었다.

  스님과의 약속대로 부산으로 오기 전 법화 스님께 갔다. 스님은 나를 친절히 맞아 주시며 절에서 머물다 가라고 하셨고 한 신도님 집으로 데려가기도 했었다. 그렇게 스님과 인연이 되어 부산 집으로 돌아왔을 때부터 주변의 엄마 보살들을 모아 매월 한 차례씩 법화 스님을 초청하여 법문을 듣는 법회를 열기도 했다.

  스님께서는 서울에서 부산까지 일부러 오셔야 했지만, 단 한 번도 귀찮아하지 않으셨고 이에 보살님들도 신심을 크게 내셨다. 내가 결혼했을 때도 우리 집에 오셔서 어려운 신혼생활을 보시고는, "대원성은 잘 살 거야."라고 하시며 마치 딸을 대하는 친정 아버지처럼 걱정과 격려를 해 주시고 기도도 해 주셨다.

  언젠가 우리 집에서 주무신 다음 날, 스님께서 이런 말씀을 해 주셨다. "대원성아, 내가 부산에 오면 갈 곳이 많지만 대원성 집에서 잠을 자고 밥을 먹는 이유는 대원성에게 복 지을 기회를 만들어 주기 위해 일부러 머물다 가는 거야." 그 말씀 속에 눈물이 날 만큼 고마운 스님의 진심이 담겨 있었기에 나는 엎드려 절을 했고 지금도 잊지 못한다. 아이들이 어려서 우리 집에 오시면 많이 불편하셨을 법도 한데 스님께서는 꼭 우리 집에서 주무셨고 새벽에 일어나 함께 기도하며 축원도 해 주셨다.

사실 서울에서 스님을 따라다녀 보았을 때, 가는 곳마다 신도님들이 큰스님을 진심으로 존경하며 부처님처럼 위하는 모습을 보았는데, 유독 우리 집에 오셨을 때는 친정아버지 같은 마음으로 우리 가족이 잘되기를 축원해 주셨던 스님이셨다.

내가 결혼하여 단칸방에서 살 때부터 집에서 매일 기도하고 사경하는 내 모습을 보시며 절에서처럼 긴 기도와 축원을 해 주셨던 스님의 은혜를 마음속 깊이 늘 간직하고 있다. 그래서 나도 기도 때마다 많은 경전들 중 묘법연화경 독송 요품만큼은 빠짐없이 외우게 되었다.

언젠가 스님께서 들려주신 젊은 시절의 이야기다. 옛날에 매일 새벽마다 엄마를 따라 절에 오던 한 처녀가 있었는데, 머리를 양 갈래로 땋은 모습이었다고 한다. 그런데 어느 날부터 보이지 않더니 얼마 후 일본에서 편지 한 통이 왔다고 한다. 열어 보니 그 처녀가 머리를 깎고 스님이 된 사연과 함께 사진 한 장이 들

南無妙法蓮華經.

大円性의 글월 오늘 반갑게 받았습니다.
식구가 한 분 늘었으니 축하드립니다.
나는 어제 (14日) 저녁 7時에 수십 분
남녀 스님, 신도분의 환영 속에 김포공항에
도착하였습니다.

고향 한국에 와 오랜 동안의 긴장과
피로, 흥분도 가라앉은 이제는 휴식과
가벼운 여행만 속에서 마음을 정리하고
있습니다.

항상 부처님 경전을 읽고 독경을
하는 것을 日常生活의 규칙으로 하고
있다니 고맙기 그지없습니다.

바쁜 가사(家事) 가운데에도 꾸준히
메불올리기를 바랍니다.

宅內 여러분 모두 안녕하시기를 바라며
이만 그칩니다.

92. 12. 15.

李 法華 合掌

격려와 염원을 아끼지 않으셨던 법화 스님의 서신.

어 있었다는 것이다. 편지에는 "스님을 너무 사모했는데 도저히 잊을 수가 없어서 출가를 결심했고 지금 머리를 깎고 스님이 되었지만 그리워하는 마음은 비울 수가 없습니다."라는 글과 함께 "한국 스님들이 신고 다니는 하얀 고무신을 일 년에 두 켤레씩만 보내 주시면 고맙겠습니다."라는 부탁이 적혀 있었다고 한다. 법명은 조선을 향하는 마음으로 행선行鮮이라 스스로 지었다는 내용도 담겨 있었다고 한다.

스님에게 연정을 품게 되었지만 부모님을 따라 일본으로 가야 했고 어쩔 수 없이 출가를 하게 되었다는 비구니 스님의 사진 속 앳된 모습에 마음 한편이 짠하기도 해서 법화 스님은 해가 바뀌는 양력 설 때마다 일본으로 하얀 고무신 두 켤레를 부친다고 하셨다. 또 어떤 보살은 본래 기독교인이었는데 스님을 뵙고부터 불교를 공부하게 되었고 반야심경 번역으로 책을 내기까지 했다고 한다. 이처럼 한 사람의 삶이 남의 인생을 바꿀 만큼 훌륭한 인격을 가진 스님이셨다.

스님께서는 혜화동에서 서울역까지 매일 새벽 도량석을 빠뜨리지 않고 북을 두드리며 "나무 묘법연화경"을 봉창하면서 걸음걸음 세계 평화와 나라 안녕과 불국토를 이루려는 서원의 기도를 쉬지 않으셨다. 스님은 이 세상을 살아오면서 제일 잘한 일이 출가하여 스님이 된 것과 법화경을 만난 일이라고 하셨다. 얼마나 좋으면 법명까지도 법화 스님이실까. 스님은 일본으로 유학을 갔을 때 일현 스님을 만나 법화경을 처음 배우게 되었고 그때부터 수행자의 길을 걷게 되었다고 하셨다. 한국으로 오셔서는 고암 큰스님의 상좌가 되었고 법화경은 평생의 길이 되었다고 하셨다.

마지막으로 우리 집에 오셨던 7월 여름이었다. 어쩐지 그날은 유언 같은 말씀을 내게 하셨다. "대원성아, 나는 다음 생에는 몽골에서 태어나야겠어." 왜 그 나라냐고 여쭈었더니 "그곳에는 아직 불교가 없으니 내가 가서 법화경을 펼쳐야겠어."라는 말씀을 하셨다. 스님은 그날 밤 우리 집에서 주무시고 다음 날 서울로 가셨는데, 그 길이 마지막이 될 줄은 상상도 하지 못했다.

이틀 후 아침에 스님이 원적에 드셨다는 소식을 듣게 되었을 때, 참으로 황망한 마음에 넋을 잃은 듯 아무 일도 손에 잡히지 않았고 멍하니 앉아 눈물만 흘려야 했다. 어쩌면 그렇게 이틀 사이로 모습을 바꾸셨는지 인생무상人生無常의 법문이었을까?

지금도 우리 집에 모셔진 작은 불단 위의 불상은 법화 스님께서 도의 스님과 함께 모셔 와서 친히 점안식까지 해 주셨던 부처님이시다. 그때 스님의 기도하시는 목소리와 모습은 내 가슴속에 그대로 담겨 있기에 부처님을 바라볼 때마다 법화 스님과의 인연이 그립다. 하마 지금쯤 스님께서는 몽골을 누비시며 묘법연화경을 설하고 계시지 않을까.

통광 큰스님

고로쇠 물에 얽힌 재미있는 추억

20여 년 전 어느 봄날, 부산불교신도회에서 지리산 칠불사로 야외 법회 겸 통광 큰스님 친견 법회를 가게 되었다. 마침 고로쇠 물이 한창일 때여서 약수 공양도 하게 된다고 하니 우리 모두 기대와 설레는 마음으로 아이들처럼 즐거운 얼굴이었다.

마침내 칠불사 도량에 들어서자 상쾌한 공기와 맑은 하늘, 흰 구름까지도 예사롭지 않았고 우리를 반겨주는 듯 정답고 아름답게 느껴졌다. 우리는 소풍이라도 온 듯 도량 곳곳을 누비고 다녔고, 법당의 부처님을 친견할 때만큼은 엄숙한 분위기 속에서 모두가 조용히 방석 위에 앉아 있었다.

저녁 예불과 기도가 끝나고 큰 방으로 돌아온 우리는 빙 둘러

앉아 마주 보며 산사에서 하룻밤을 함께한다는 즐거움에 두 눈이 별처럼 빛나고 있었다. 잠시 뒤 통광 큰스님께서 우리가 있는 방으로 오셨다. 반갑게 인사를 나누었고 스님께서 법문을 들려주시니 모두가 집중하여 스님만 바라보았다.

통광 스님께서는 "오늘 먼 길 오느라 피곤할 테니 여기 이 고로쇠 약수를 마음껏 마시고 건강하게 돌아가세요."라고 하시며 아주 큰 대야에 고로쇠 물을 가득 부어 놓고 각자 알아서 마시도록 밥공기 하나씩을 내어 주셨다.

고로쇠 약수가 귀한 물이라는 것을 알았기에 모두 열심히 물을 마시기 시작했다. 나는 그 모습을 보면서 순간, 이 많은 물이 여기 있는 사람들의 배 속을 채운다고 생각하니 오늘 밤 모두가 출렁거리는 배를 안고 고생을 하지 않을까 은근히 걱정이 되기도 했다.

아니나 다를까, 칠불사의 화장실은 숙소와 제법 멀리 떨어져 있어서 한 번 다녀오면 잠이 다 달아날 정도였는데, 늦은 밤 달빛이 밝아 다행이었지만 마치 운동회를 하듯 사람들이 차례로 뛰어다니는 모습들이 그야말로 가관이었다. 그중에 몸이 좀 뚱뚱한 어느 보살님 한 분은 발을 잘못 헛디뎌 조금 높은 언덕에서 쿵 하고 떨어지기도 했는데 다행히 다치지는 않았다.

그때를 생각할 때마다 지금도 혼자서 웃음이 터지곤 한다. 분명 어젯밤에 화장실에서 타이어가 떠오를 만큼 크고 둥근 화장지가 새로 교체된 것을 보았는데, 새벽녘 화장실에 다시 갔을 때 화장지가 아주 작아진 것을 보니, 고로쇠 물의 위력이 얼마나 대단했는지 알 수 있었다.

이 약수를 마셔 본 사람들은 알겠지만, 일과를 마치고 잠자는 시간에 마시는 것은 아무래도 아닌 것 같다. 차라리 밝은 대낮에 화장실이 가까운 곳에서 한가로이 마셔야만 오히려 고생 없이 즐겨 마실 수 있을 것 같다는 생각이 들었다.

모처럼 칠불사의 영험 있는 부처님 곁에서 기도하며 밝은 달빛 아래 시라도 한 수 남겼어야 했거늘, 우리 일행 모두는 달밤에 바삐 화장실을 오가며 운동회만 하고 말았다. 그러나 그것이 어찌 그냥 물이었겠는가. 우리를 위해 약수를 더 신선하고 달콤할 때 먹게 해 주고 싶어 하신 스님의 고마운 마음을 어찌 모를 리가 있겠는가. 밤이 새도록 마주 보며 뛰어다녔던 그때, 사람들의 배 속이 고로쇠 약수로 채워지고 비워졌으니 얼마나 깨끗해졌겠는가. 가끔씩 떠오르는 그때 그 시절이 참 그립다.

철웅 큰스님

유쾌하고 명쾌한 스님의 법문

철웅 큰스님께서 대구 파계사 성전암에 주석하실 때, 연꽃모임에서 야외 법회를 가게 되었다. 당시 철웅 스님은 학력, 인물, 법문으로 불교계에 새바람을 일으키던 분이셨다. 그야말로 전국 각지에서 수많은 불자들이 철웅 스님을 친견하기 위해 모여들 정도로 인기를 누리셨다.

스님의 법문은 막연한 내용이기보다 현실에 맞는 생활 법문이었고, 각박한 세상살이에 찌든 우리의 마음을 말끔히 지울 수 있는 유쾌하고 명쾌한 법문이었다. 아무에게나 들을 수 없는 스님만의 특별한 법문 속에는 재미있는 유머도 섞여 있어 눈물이 날 정도로 웃음을 주기도 했다.

참으로 자비롭고 정이 많으셨던 철웅 스님과 함께.

처음 오신 신도님들도 어렵지 않게 스님의 법문 속에 빠져들게 되어 마치 해탈한 듯한 모습이 되었고, 그 즐거움은 신심으로 뿌리내릴 수 있는 동기가 되기도 했다. 그러면서도 스님께서는 종국에 참된 신도로서 알아야 하고 지켜야 할 법도와 예의를 따끔하게 심어 주셨다. 게다가 선사禪師의 기질을 발휘하셔서 참선의 묘미를 잘 일러 주시니 뜻깊은 법문이었다.

그 당시 우리가 젊었던 시절에는 사진이 귀할 때였는데, 일찍이 나는 가는 곳마다 항상 카메라를 가지고 다녔다. 사진 찍기를 좋아해서 스님들의 모습을 지금까지 많이 남길 수 있었다. 법회가 끝난 후 스님을 모시고 회원들과 기념사진을 찍었고, 스님 단독 사진을 찍을 때도 스님께서는 이 포즈, 저 포즈로 잘 응해 주셨다. 그래서 얼마 후에 편지 속에 사진을 넣어 부쳐 드렸더니, 스님께서 답장을 보내 주셨다. "재주가 많으면 피곤하게 사는 법인데, 대원성은 글도 잘 쓰고 사진도 잘 찍으니 피곤할 것 같다."라고 하시면서 액자에 넣을 붓글씨와 함께 편지를 보내 주셨다.

  스님은 기골이 장대하고 엄격해 보이는 인상이셨지만, 내면은 참으로 따뜻하고 정이 많은 분이셨다. 스님의 직설적인 화법話法과 카리스마 있는 모습에 지레 겁을 먹는 사람들도 있었지만, 농담 같은 어투로 솔직하게 건네시는 말씀 속에는 늘 화두가 들어 있었다.

  스님과의 만남은 비록 횟수로는 몇 번뿐이었지만 인상에 길이 남는 스님이시다. 과거 김영삼 대통령과 고등학교 동기 동창이었던 데다가 서울대학교 출신이라는 학력이 이슈가 되기도 했었던 스님. 그렇게 웅장했던 스님도 어찌 그리 서둘러 가셨는지, 우리에게 그림자처럼 떨칠 수 없는 그리움을 남기셨다.

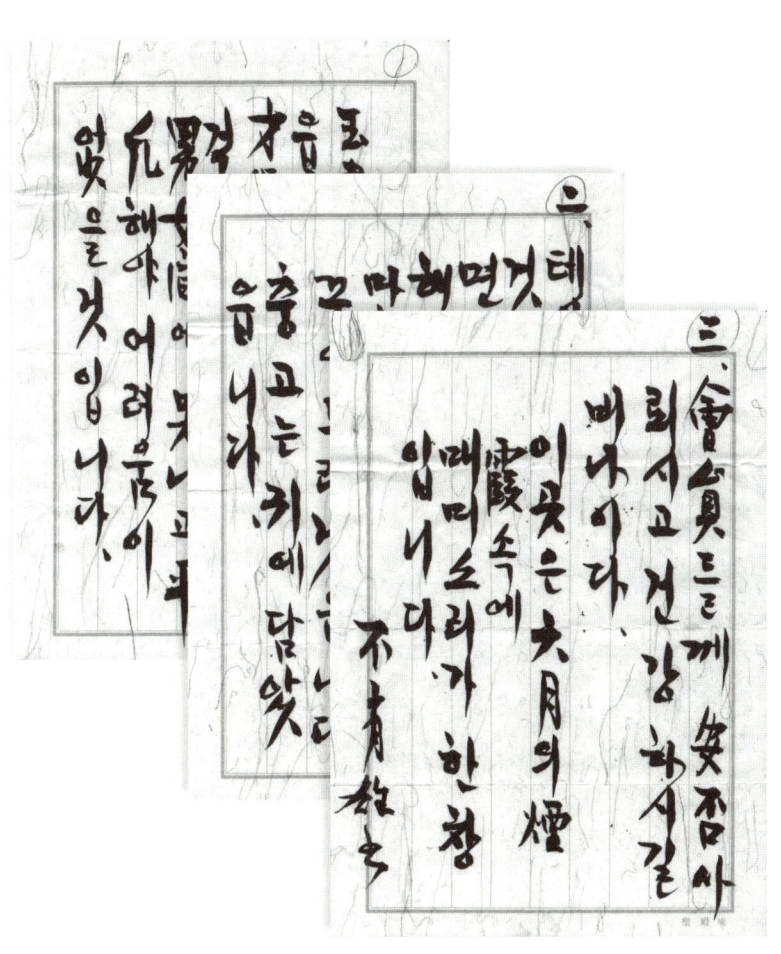

철웅 스님께서 보내 주신 편지 속에는
칭찬과 함께 따뜻한 염려가 서려 있다.

광덕 큰스님

아들에게 스님의 가르침을 전하다

아들이 첫 대학 입학시험에서 떨어졌을 때였다. 너무나 믿었던 터라 나는 놀란 마음이 되어 한동안 아무 일도 손에 잡을 수 없었다. 홍법사 창건주이신 하도명화 형님께서 먼저 "우리 서울에 한번 다녀올까?" 하시기에, 나는 내 눈으로 직접 합격자 명단이 적힌 게시판을 한 번 더 확인해 보고 싶었던 마음에 같이 가기로 했다.

서울에 도착하자마자 먼저 학교부터 찾아가서 운동장에 있는 게시판을 살펴보았는데 역시나 아들의 이름은 볼 수 없었다. 참으로 안타깝고 씁쓸한 마음에 눈물이 날 것 같았지만 차마 내색할 수가 없었다.

그길로 우리는 불광사 광덕 큰스님을 찾아뵙기로 하고 친견하게 되었다. 스님께 인사를 드린 후 "스님, 아들이 시험에서 떨어져서 너무 속상해요."라고 하자, 스님께서는 "대원성, 왜 그렇게만 생각하느냐?"라고 하시며 도리어 나무라시는 말투로 "불자라면 지금 당장 눈앞에 헝클어진 실타래만 볼 것이 아니라, 그다음에 더 긴 실들이 얼마든지 있으니 때를 기다릴 줄 알아야지."라고 하셨다.

 그 말씀을 듣는 순간, 가슴속 꽉 막혀 있던 무거운 번민 덩어리가 한꺼번에 툭 터져 버린 시원한 느낌이 들었고, 갑자기 홀가분해진 기분으로 서울 여행을 할 수 있었다. 수행의 의미를 다시금 느끼게 된 순간이었다. 이래서 선지식을 만나고 배워야 하는가 보다.

 삶의 큰 교훈을 얻게 된 그날, 스님의 감동적인 말씀에 용기와 희망을 안고 집으로 돌아온 나는 아들에게 스님의 말씀을 그대로 전해 주었다. 나는 "아들아, 높이뛰기 선수들 중에 제자리에서 뛰는 사람은 단 한 명도 없다. 더 높이 뛰어오르려면 언제나 몇 걸음 뒤로 물러서서 힘껏 뛰어야만 목표를 이룰 수 있는 법이란다. 우리 일 년을 뒤로 미루어 한 번 더 노력해 보자."라고 말했다.

 사실 아들의 성격이 다소 내성적이고 말이 없었기에 상처가 더 컸을 것 같아 엄마로서 더욱 조심스럽고 마음이 아팠다. 아무 말

없이 조용히 내 말을 듣고 있던 아들은 고맙게도 훌훌 털고 일어나더니 머리를 식힐 겸 친구들과 테니스를 치러 갔고, 그 모습을 보고 나니 그제야 마음이 놓였다.

그 후 정리해 두었던 책들을 다시 펼쳐 놓고 열심히 공부했던 아들은 다음 해에 광덕 스님의 말씀대로 아주 좋은 성적으로 서울 연세대학교에 합격하였다. 그 후 석사와 박사 학위도 카이스트 대학원에서 마치게 되었으니 아들의 노력과 성실함에 큰 박수를 보내며 고마워했다.

그렇게 스님의 말씀대로 기다린 보람과 성취를 이루게 되어 너무나 감사했지만, 스님은 영영 뵐 수가 없게 되었다. 그때 그 말씀이 내 인생에 큰 울림이 되어 언제나 가슴속에 담겨 있으며 어떤 일이 있을 때마다 길을 알려 주는 교훈이 되었다.

보경 큰스님

은혜를 받기만 했던 지난날

감로사 주지스님이셨던 보경 큰스님은 자운 큰스님의 맏상좌 스님이셨고, 혜총 스님의 은사스님이시기도 하다. 처녀 시절 나는 일타 큰스님과의 인연으로 감로사에서 백 일간 새벽 기도를 한 적이 있었다.

매일 백팔 배를 하고 기도를 마치고 나오면, 보경 스님께서는 전날 재에 올렸던 떡과 과일 등을 남겨 두셨다가 내 손에 들려 주시며 가져가서 먹으라고 하셨다. 스님께서는 나를 늘 챙겨 주셨는데 내가 해 드린 것은 없어 항상 마음에 걸렸었다. 그래서 스님 여섯 분께 뜨개질로 방석을 만들어 드리게 되었을 때 보경 스님께도 하나 해 드린 일이 있었다.

철이 없었던 나는 스님을 어렵게 여기지도 않았고 스님께서 주시는 차도 잘 마시며 스님을 곧잘 따랐다. 그 시절에는 처녀가 절에 다니는 경우가 드물었을 때라서 스님께서 나를 그저 기특하게 봐 주셨던 것 같다.

어느 날 보경 스님께서 나를 보시고 "대원성아, 내가 지금 큰일이 났는데 어찌하면 좋겠니?"라고 하셨다. 이유를 여쭤보니, 해인사 홍제암에 계시던 자운 스님으로부터 아무 편지도 없이 소포가 와서 열어 보니 자운 스님께서 입으시던 옷이었다고 한다. 스님께서 주시는 것으로 알고 그 옷을 모두 수선집에 맡겨서 본인 몸에 맞도록 고쳐 입었다고 하셨다. 그런데 얼마 후 자운 스님께서 감로사에 오셔서 전에 부친 옷을 찾으셨으니, 이 얼마나 난감한 일이었겠는가.

생각만 해도 아찔한 일인데, 나는 스님의 말씀을 듣고 도저히 웃음을 참을 수가 없어 거의 데굴데굴 구르다시피 웃기만 했다. 이제 와서 생각해 보면 그때 스님께서 얼마나 하소연할 곳이 없으셨으면 내게 말씀하셨을까 싶은데, 그런 줄도 모르고 웃기만 했던 내가 얼마나 얄미우셨을까. 스님께 죄송한 일이었지만 지금 생각해도 웃음이 난다.

보경 스님께서는 한시도 쉬지 않고 감로사 도량 이곳저곳을 가꾸셨다. 장갑도 없던 그 시절에 스님의 손과 팔은 온통 상처투성

이였고 상처가 아물 틈도 없이 일만 하셨다. 무거운 바윗돌도 배에 의지하여 나르던 스님의 모습이 지금도 눈앞에 선하여 마음이 짠해진다.

  백일 기도가 끝난 후로는 일타 스님께서 감로사에 오셨을 때만 찾아가게 되었는데, 그 후에 보경 스님께서 편찮으셔서 찾아뵈었을 때는 이미 스님께서 삶의 마지막 회향을 기다리실 때였다. 그 와중에도 스님께서는 내가 전에 만들어 드린 방석을 등받이로 잘 쓰고 있다고 말씀해 주셨는데, 그 모습에 참을 수 없는 눈물이 흘러나오고 말았다. 그날 스님을 마지막으로 뵈었던 시간은 나에게 참 슬픈 기억이 되었다. 무심無心인지 무상無常인지, 지금은 추억이 되어 버린 스님과의 시절을 가끔 되새겨 본다.

세월의 강물,

법향으로 흐르다

석정 큰스님

티끌만큼의 욕심도 없던 삶

　석정 스님이라고 하면 탱화와 불화를 그리는 인간문화재 스님으로 가장 먼저 기억될 것이다. 석정 큰스님께서는 2006년에 중요무형문화재 제118호 불화장佛畫匠 기능보유자가 되셨고, 1992년 성보문화재연구원 총재로도 계셨다.

　석정 스님은 우리 이웃에 거주하셔서 자주 뵐 수 있는 인연이었다. 특히 스님과 관계가 돈독하셨던 일타 스님, 지관 스님, 법정 스님께서 부산에 오실 때마다 스님을 만나러 가실 때면, 나도 함께 스님이 계시는 선주산방善住山房에 따라가곤 했다. 또 일타 스님께서 우리 집으로 오시는 날에는 더러 석정 스님도 함께 오셔서 공양을 하시기도 했다.

어느 해 우리 집 마당에 조롱박이 주렁주렁 열려 익었을 적에 일타 스님과 석정 스님 두 스님께서 오셔서 "도회지의 가정집 마당에서 이런 박을 볼 수 있다니!" 하고 신기해하시며 보기 좋다는 말씀을 해 주셨다. 그러고 나서 잘 익어 손질해 둔 작은 표주박에 두 분 스님께서 글과 그림을 남겨 주시기도 했다. 일타 스님께서는 '관일체법공觀一切法空'이라는 글을 써 주셨고, 석정 스님께서는 선화로 달마를 그려 주셨다.

석정 스님께서는 어떤 자선 전시회나 행사가 있을 때마다 빠짐없이 자리를 함께해 주셨던 따뜻하고도 인자한 분이셨다. 특히 석정 스님과 항상 가깝게 지내셨던 일타 스님께서는 석정 스님에 관한 이야기를 자주 들려주셨다. 열두 살부터 천재적인 감각으로 불화를 그려 오신 석정 스님은 사중 스님들 모두가 신동이라고 불렀을 정도였다 한다. 그 후 불화의 장인으로 인정받게 되자 전국의 사찰마다 스님의 탱화를 모시려는 요청이 밀려들었고, 그림이 아닌 선禪의 경지에 이르렀다며 모두가 극찬을 아끼지 않았다.

이처럼 훌륭한 스님과 인연이 있었던 나는 정말 복이 많았다고 생각한다. 해가 바뀔 때마다 연하의 그림도 주셨고 심우도尋牛圖 병풍과 가리개 그림, 액자 그림도 받게 되었다. 스님이 계시지 않는 지금도 스님의 자취는 그림으로 남아 있다.

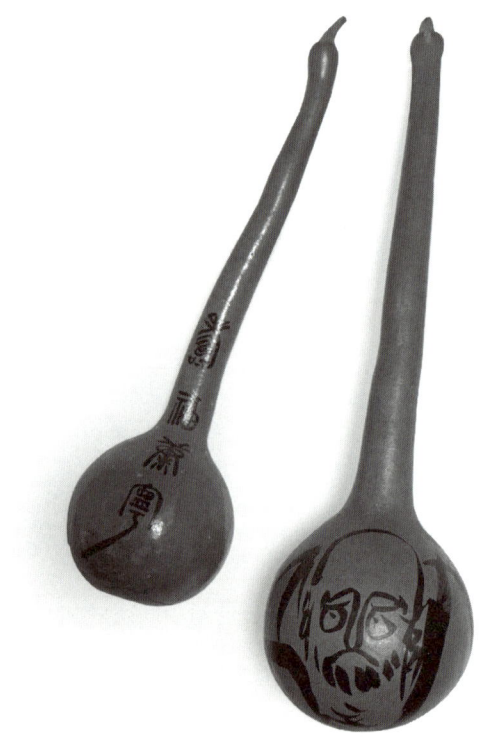

석정 스님께서 우리 집에 오셨다가
표주박에 손수 그려 주신 그림이다.

스님께서 그려 주신 달마 그림은
액자 속에 소중히 보관하고 있다.

스님께서는 평생 화내지 않는 모습이셨고, 돈을 모르셨던 분이셨다. 돈을 셀 줄도, 사용할 줄도 모르셔서 곁에서 거들어 드려야 할 정도였다. 대신 스님의 곁에는 항상 붓과 물감이 있었고 오직 불사에만 전념하셨다. 말년에는 새로운 탱화를 모시기보다 국보 사찰의 탱화를 둘러보시며 옛 탱화의 가치와 아름다움을 되살리는 복원 불사에 힘쓰셨던 보배 같은 스님이셨다.

석정 스님께서는 마지막 가실 때 한 몸 법구마저도 동국대학교 경주병원에 해부학 연구용으로 기증하시며 세연世緣을 회향하신 분이셨다. 일생을 욕심 없는 모습으로 사셨던 스님께서 남기신 참법문이었다.

일생을 욕심 없이 사셨던 석정 스님의 모습은 그 자체로 우리에게 법문이었다.

진철 큰스님

보시의 참뜻을 가르쳐 주시다

1994년, 나는 주변의 인연 있는 사람들을 모아 '보현봉사회'를 창립하게 되었다. 얼마 후, 강원도 양양 낙산사 주지로 계셨다가 통도사 자비원 원장스님으로 오셨던 진철 큰스님을 지도법사 스님으로 모시게 되었다.

그러면서 작은 정성의 마음들을 모아 매달 어려운 이웃들을 돕기로 하였다. 경험이 부족했던 내게 진철 스님께서는 오래전부터 양로원이나 고아원을 운영해 오셨던 지난날의 경험을 들려주시며 많은 가르침과 도움을 주셨다.

어느 날, 스님이 운영하시던 통도사 자비원에 우리 회원들과 함께 방문했을 때였다. 그곳에서는 어르신 100명을 모시고 있었는데 남자 50명, 여자 50명이라고 하셨다. 양로원이라기보다는 노인들을 위한 학교 같은 느낌이 들 정도로 모두가 깨끗한 옷차림에 단정한 모습이었고 얼굴마다 평안한 미소를 띠고 있었다.

스님의 말씀에 따르면, 아무리 나이가 많아도 이성 간에 허물을 보이지 않으려고 하기 때문에 할아버지들도 할머니들도 단정하게 자신을 꾸민다고 하셨다. 할머니들은 곱게 화장을 하고 입술에 붉은 루주까지 발라 마치 이웃집에서 놀러 온 듯한 모습이셨다. 할아버지들도 냄새가 날세라 늘 깨끗이 씻고 머리도 정갈하게 빗는다고 하셨다. 어르신들은 아침저녁으로 법당에서 예불과 기도를 올리며 아들딸 잘되라고 축원을 하신다고 했다. 이 얼마나 아름다운 모습인던지, 우리가 흔히 생각하던 양로원의 광경이 아니어서 놀랍고 신기했다.

한편 몸져누워서 침상에서 일어나지 못하는 노인분들도 있었는데, 몸을 마음대로 가눌 수 없으니 누운 채로 실례를 한 어느 할머니께서 스님의 손을 잡고 "어서 죽어야 할 텐데…." 하고 눈물을 보이자, 스님께서는 "아무 걱정 마시고 오래오래 사셔야 합니다. 사람 몸 받기가 어려운데 사람 몸 받았을 때 하루라도 더 살아서 더 좋은 곳에서 다시 태어나기 위해 기도해야 합니다."라고 말씀하셨다. 이 말씀을 듣는 순간 나는 머리를 한 대 맞은 것처럼 눈이 번쩍 뜨이는 느낌이었다.

1995년 12월, 보현봉사회 창립 1주년 기념 법회를 맞아
진철 스님(가운데)께서 함께 자리해 주셨다.

이처럼 스님은 사람의 생명을 귀하게 여기시고 몸이 불편한 사람들에게 희망을 주시는 분이셨다. 나는 너무나 큰 깨달음을 얻게 되었고, 청소를 마치고 나서 어르신들과 함께 놀아드리며 그것 역시 봉사임을 알게 되었다.

보현봉사회 창립 기념일에 스님께서 법문으로 들려주신 말씀이다. "보시는 내가 쓰고 남는 돈으로 하는 것이 아니라, 내가 쓸 돈을 나누어 쓸 수 있어야 한다. 또 내가 먹는 것을 나눠 먹는 것이 보시이지, 먹고 남은 것을 나누는 것은 이미 내 것이 아니다."

내가 쓰는 것만이 내 것이지, 내 손에서 쓰지 않는 것은 다 내 것이 아니라는 말씀에 다시 한번 감동했고 큰 깨달음을 얻게 된 보배로운 법문이었다. 보현봉사회는 봉사를 하겠다는 서원의 공덕으로 얻게 된 소중한 재산이자 은혜였다.

진철 스님은 모든 것을 실천으로 보여 주신 스승님이셨다. 소유하고 있으셨던 자동차도 필요한 곳에 주셨고, 교통사고로 받은 보상금까지도 본인의 아픈 몸은 생각지 않고 더 필요한 곳에 보시하신 스님이셨다. 우리 봉사회에도 언제나 찬조금을 내어 주시며 격려를 아끼지 않으셨다.

스님께서는 우리 아들이 카이스트 대학원에서 석사 학위를 받는 날에도 일부러 시간을 내어 대전까지 오셔서 참석해 주셨다. 그때의 고마움을 나는 평생 잊지 못한다. 스님은 작은 인연도 소중하게 생각하셨고 누구든 가벼이 보는 일이 없으셨다. 비단 나뿐만 아니라 누구에게나 진심으로 정성을 다하여 대하시는 모습이 남다르셨다.

 스님은 충남 공주대학교 사범대학을 졸업하시고, 신심의 근기로 출가하셔서 조계종 총무부장을 지내셨다. 낙산사, 마곡사, 표충사 등 큰절의 소임도 원력으로 수행하셨고, 특히 청소년 포교와 복지에 온 힘을 쏟으셨던 큰스님이셨다. 너무나 짧은 생으로 업적만 남기고 가셨으니, 스님의 말씀들이 귀감이 되어 내 가슴속에 구슬처럼 빛을 내며 담겨 있다.

 오직 중생을 위하는 마음으로 살아오신 스님께서 생전에 하셨던 말씀 중에, "대원성! 지나고 보니, 노인들은 아무리 잘 모시고 잘해 드려도 결국은 내 손을 놓고 저세상으로 가시니 슬픔만 남고 마음속에 배신감이 들 때도 있었지요. 그런데 고아들을 정성으로 잘 돌보며 키웠을 때는 기쁨과 희망과 보람이 있어 행복했답니다."라고 하신 말씀이 생각난다. "돌보았던 아이들이 어느새 어른이 되어 결혼을 하고 아이를 안고 찾아왔을 때는, 내가 마치 할아버지가 된 것처럼 고마웠지요."라고 하신 말씀에는 고개가 절로 끄덕여지고 스님의 환한 웃음에 동화되어 나도 함께 미소 지었다. 그때 그 시절의 스님이 참 보고 싶다.

종원 큰스님

일생 동안 오직 불사에만 전념하시다

지금으로부터 50여 년 전의 이야기다. 1974년 9월, 막내딸 보현이를 낳았을 때였다. 나와 인연이 많은 경남 진양군 집현면 정평리에 위치한 응석사 절에 미역과 얼마간의 공양비를 부쳐 드린 일이 있었다. 응석사는 내가 처녀였던 시절에 백 일 동안 머물며 기도했던 절이었고, 그리 크지 않은 법당에 아미타부처님과 석가모니부처님, 그리고 약사여래부처님께서 모셔져 있었는데, 부처님의 상호相好가 너무 좋아서 바라보고만 있어도 신심이 절로 생겼던 곳이다.

당시에는 비구니 묘찬 주지스님과 도의 총무스님, 그 밖에 여러 대중스님들이 계셨는데, 처음 그 절에 간 내게 너무나 큰 자

어머니의 소원을 들어드리기 위해 어린 나이에 출가하시어
한평생 불사를 이루기 위해 부단히 애쓰셨던 종원 스님.

비와 사랑으로 대해 주셔서 나에게 응석사는 마치 친정 같은 절이었다. 한때 그곳에서 출가의 뜻도 품었지만, 결국 그 인연이 이뤄지지는 않았다.

1969년 늦가을, 결혼식을 마치고 해인사로 신혼여행을 가는 길에 먼저 응석사에 들러 참배를 했을 정도였으니, 내게는 잊을 수 없는 소중한 추억의 도량이었다. 그 후 연년생 아이들을 낳아 키우면서 몸도 마음도 여유가 없게 되자 응석사에 자주 찾아갈 수가 없었다. 지금처럼 전화나 통신을 주고받는 것이 쉽지 않던 시절이라 절의 소식을 알 길이 없었는데, 어느 날 처음 뵙는 스님 두 분께서 나를 만나러 찾아오셨다.

그중 한 스님이 당시 응석사의 새 주지로 부임한 종원 스님이셨다. 선물로 가져오신 작은 보자기 속에는 은행이 가득 들어 있었다. 나는 응석사의 노란 은행나무 아래 작은 바위와 평상에서 즐겨 놀았던 기억이 떠올라서 눈물이 날 것만 같은 감동과 고마움에 스님께 거듭 합장을 했다.

스님께서는 나를 만나러 오시게 된 연유를 말씀해 주셨다. 얼마 전 응석사에 새 주지로 부임해서 왔을 때는 절 마당에 풀만 무성했고 신도 한 분도 만나지 못하여 부처님께 마지 올릴 쌀조차 없어서 하는 수 없이 보리쌀 두 되로 밥을 지어 겨우 공양을 올리며 큰 걱정을 하고 있었다고 한다.

그런데 그때 마침 내가 보내 드린 작은 공양비와 미역을 받으셨던 것이다. 첫 신도를 만난 기쁨에 곧장 쌀밥으로 마지를 지어 부처님께 올리고 보현이가 잘 자라도록 축원하며 눈물을 흘렸다고 하셨다. 그리하여 누구인지 만나서 꼭 고마움을 전하고 싶은 마음에 주소를 보고 찾아왔다고 하셨다. 그 말씀을 듣고 나는 가슴이 너무 아파 눈물을 흘렸다. 요즘 세상 사람들이 어찌 이 이야기를 믿을 수나 있겠는가.

그때부터 나는 회원들을 모아 매월 회비 천 원씩(1975년 당시)을 거두어 부처님께 공양 올리기로 약속했고, 불교가 무엇인지도 모르는 초발심 불자들을 모아 대절한 버스를 타고 응석사로 가게 되었다. 모두가 친정 나들이 가듯 행복하게 동참하였다. 부처님 전에 불공과 기도를 올리며 신심이 날로 증장하는 회원들의 모습은 나에게 더없이 큰 보람이었다.

처음에 나 혼자 약속한 바로는 3년간 부처님 전에 공양을 올리기로 했지만 끝내 5년을 꼬박 채웠고, 탱화 불사며 땅 한 평 찾기며 여러 가지 불사에도 동참할 수 있었으니 참으로 고마운 인연이었다.

종원 스님께서는 천성이 말이 없으시고 얌전한 성품으로 누구에게도 무엇을 요구하는 일이 없으셨으며 그저 묵묵히 일만 하신 부지런한 스님이셨다. 절 마당도 깨끗이 정비하여 아름다운 꽃밭도 가꾸셨고, 도량 주변의 땅마다 밭을 일구어 고구마와 감자 등 여러 가지 작물도 심으셨다. 또 생활에 부족함이 없을 정도로 대중의 운력을 빌어 살아 있는 도량으로 바꾸어 나가셨으니 이윽고 절 전체가 반짝반짝 빛이 나게 되었다.

지난 비구니 스님들께서는 주지스님의 원력으로 오직 묘법연화경 번역 불사가 잘 되기만을 기도하느라 도량을 잘 돌보지는 못했는데, 종원 스님께서 주지로 오신 후로는 오로지 노동으로 자급자족의 뜻을 실천하려고 노력하셨다. 스님의 대단한 원력을 보며 고맙기도 했지만, 너무 힘들게 일하시는 모습에 늘 마음이 아팠고 죄송하기까지 했다.

어느 날 스님께서 출가하시게 된 동기를 말씀해 주셨다. 평소에는 묻는 말에 대답만 겨우 하실 정도로 말씀이 없으셨는데 어쩌다 내게 들려주신 이야기였다. 많은 형제분들 중에 스님께서 몇째였는지는 기억이 잘 나지 않지만, 어릴 적 대가족이 둘러앉아 아침 식사를 하다가 신심 깊은 어머니께서 자식들에게 물으셨다고 한다. "누가 내 소원을 들어줄 수 있을까?" 그때 종원 스님께서 제일 먼저 손을 번쩍 들면서 "제가 들어드리겠습니다."라고 무슨 소원인 줄도 모르고 약속을 했다고 한다. 그러자 어머니께서 크게 놀라시며 "너무 고맙다. 너무 고맙다. 내 소원을 들어주겠다니 네가 정말 효자구나."라고 하셨는데, 알고 보니 어머니의 소원은 자식이 출가를 해서 큰스님이 되고 자신은 신도로서 스님을 돕는 것이었다고 한다.

그 약속을 지키기 위해 스님은 구례 화엄사의 도광 큰스님을 은사로 출가하여 맏상좌스님이 되셨으니 이 얼마나 놀라운 이야기인가! 나는 그 말씀을 들으며 너무나 가슴이 아파 눈물을 펑펑 흘리며 울고 말았다. 여러 형제들 중에 스님이 유일하게 어머니의 소원을 들어드린 인연과 그 어머니의 원력과 신심에 나는 놀라지 않을 수 없었고 크게 감동했다. 어린 나이에 스님이 겪으셨을 고생을 어찌 짐작이나 할 수 있겠는가.

종원 스님의 어머니께서는 나중에 스님이 계시던 여수 흥국사에서 자신의 마지막 세연이 다한 것을 아시고, 함께했던 사중의 모든 대중들을 위해 스님들께는 승복을, 보살들과 처사들, 일꾼들에게까지도 빠짐없이 옷 한 벌씩을 선물로 미리 주셨고, 형제들에게는 스님의 노후를 책임지도록 유언을 남기셨다고 한다. 그렇게 스님의 어머니께서는 마지막까지 스님의 큰 신도이자 원력보살님이셨다.

스님께서는 오직 불사를 위해 세상에 오셨을까? 가는 곳마다 절을 허물거나 새로 지어야 할 일들만 만나 응석사에서도 그토록 고생하셨는데, 화엄사의 대작 불사도 오랜 노력 끝에 이루셨고, 여수 흥국사에서도 사천왕 불사뿐만 아니라 묵은 세월에 절

화엄사 연기암 불사에 전력을 다하고 계시던 종원 스님을 친견했을 때의 모습이다.

기둥이 기울고 쇠퇴하여 절을 거의 새로 짓다시피 불사를 하셔야 했다고 들었다. 또 화엄사 연기암 복원 불사에까지 평생을 바치셨으니 얼마나 고생이 많으셨을까. 이 모든 일은 스님의 큰 신심과 원력이 있으셨기에 가능한 일이었다.

참으로 신기하게도 말씀을 잘하시지도 않는 아주 얌전한 스님이신데 신장님께서 도우셨을까? 그렇게 큰일들을 소리 없이 다 해내실 수 있었던 힘이 과연 어디에서 나왔을까? 참으로 대단하고 훌륭한 스님이셨다. 또 스님께서 화엄사 주지스님으로 계실 때, 그리 바쁜 와중에도 해마다 고로쇠 물이 날 때면 큰 물통에 한가득 담아 보내 주셨던 스님의 고마운 마음을 잊을 수가 없다.

지난여름 화엄사에서 열린 모기장 음악회에 가게 되었는데, 스님께서 생전에 연기암 불사하실 때를 생각하며 연기암에 올라 참배를 하려고 법당에 들어섰다. 그때 법당 한쪽에 스님의 실물 크기만 한 영정 사진을 보고 나는 살아 계시는 스님을 뵙는 것처럼 소스라치게 놀라 큰 소리로 "스님!" 하고 불러 보았다. 한없이 흐르는 눈물이 그치지를 않았다.

스님의 옛 시절 모습 그대로 내 기억 속에 있으며 스님께서 가시고 난 후에도 스님의 자취는 숱한 역사가 되어 있건만, 스님께서 가신 곳은 어디인지. 종원 스님! 어디에 계시는지요?

혜원 큰스님

작은 은혜도 잊지 않으신 스님

　할아버지의 선심이 손자의 거름이 된다고 했던가. 때는 1968년 무더운 여름날이었다. 예전에는 부산에서 강화도 보문사까지 가는 데 하루가 모자랄 정도로 먼 거리였다. 아버지가 운영하셨던 한약방과 큰오빠가 운영했던 한의원에서 합작하여 만들었던 선물용 여름 부채를 챙겨 들고 보문사로 갔다. 응석사 스님을 따라 보문사에 도착했을 때는 밤늦은 시간이었다.

　숙소 앞에 짐을 풀고 손을 씻기 위해 수각水閣에 잠시 다녀왔더니 처음 뵙는 주지스님께서 내 손을 덥석 잡으시면서 "애야, 네가 명초당 딸이라고?" 하시기에, 깜짝 놀라 "스님께서 우리 아버지를 어떻게 아세요?" 하고 여쭈었더니, 스님께서는 "이제야 은혜를 갚을 수 있겠구나." 하시면서 옛날이야기를 들려주셨다.

그분이 바로 혜원 큰스님이셨다. 스님은 불교정화운동이 일어나기 전에 부산 대각사 주지와 장안사 주지를 맡으셨다고 한다. 그때 당시 스님께서 감기 몸살을 심하게 앓아 아파서 고생하고 계셨는데 우리 아버지께서 한약을 달여 드렸더니(그때는 한 첩씩 약단지에 넣고 끓여야 할 때였다) 그 약을 드시고 말끔히 나으셨다고 하셨다.

하지만 인사할 틈도 없이 조계사 주지로 발령을 받고 가시게 되면서 그 후로 아버지와 연락이 닿지 않았다는 것이다. 그때는 전화도 흔하지 않아 그나마 편지를 써야만 안부를 전할 수 있었는데 주지 소임의 일을 하다 보니 다 챙길 수 없었던 시절이었기 때문이다. 그래서 스님께서 나를 보시고 아버지 생각이 나서 너무 반가워하시며 이제야 은혜를 갚을 수 있게 되었다고 말씀하셨던 것이다.

그날 밤 방에서 잠을 자고 있는데 모기가 들어와 손등이 물리고 말았다. 강화도의 모기는 잠자리처럼 몸집이 크고 무서운 침을 갖고 있었다. 하필이면 상처가 있었던 손등을 모기에 물려서 얼마나 아팠던지 숨이 멎을 것만 같았다. 방 안에 군용 담요가 있었는데 아무도 모르게 얼굴에 둘둘 감고 울기만 했다.

아침에 일어나 보니 손등이 부어올라 손가락이 움직이지 않았다. 주지스님께서 이를 보시고 놀라서 산 너머 병원까지 나를 데리고 가서 주사를 맞히고 치료도 받게 해 주셨다. 스님 덕분에 다행히 빨리 낫게 되어 얼마나 고마웠는지 모른다.

또 스님은 산에서 다래를 따 와서 내게 주셨고, 미역귀를 좋아하신다며 내게도 먹으라고 나눠 주셨다. 스님께서는 산에서 기도하면 추울 테니 본인 옷을 입으라고 하셨지만 차마 그 말씀은 듣지 않았다. 대중처소에서는 조금만 늦어도 공양하기가 어려운데, 스님께서 공양주 보살에게 내가 조금 늦더라도 꼭 공양을 차려 주라고 해 주셔서 특혜를 누리게 되었다.

스님은 임진강이 보이는 곳으로 구경 삼아 사중의 몇 분과 나를 데리고 가셨다. 그곳에 참외밭이 있었는데 참외를 보고 좋아서 어쩔 줄 몰라 하는 내게 참외밭 주인이 얼마든지 가져가라고 했지만 아쉽게도 담아 올 그릇이 없었다.

그렇게 낯선 곳에서 너무 즐겁게 지낼 수 있었던 인연은 바로 아버지의 선심 덕분이었고, 그 은혜를 내가 누리게 된 것이었다. 나중에 아버지께 혜원 스님 말씀을 전해 드렸더니 아버지께서도 무척 반가워하시고 고마워하셨다.

그 후 내가 결혼을 하고 우리 집으로 혜원 스님을 한번 모실 기회가 있었다. 그때 일타 스님과 공양을 같이 하셨다. 당시 혜원 스님께서 부산 가야사 주지로 가까이 계셨지만 자주 찾아뵙지는 못했었다. 내가 스님께 입은 은혜를 갚아야 할 때였는데, 당시 우리 아이들이 너무 어려서 그럴 여유를 만들지 못했다. 언제나 지나간 후에라야 가슴속에 후회가 남더라.

 아직도 강화 보문사에서의 혜원 스님 모습은 잊히지 않는다. 맑은 날에도 장화를 신고 지팡이를 짚고 다니셨던 스님이셨다. 이유를 여쭤보니 산에 뱀이 많아서 그렇게 하고 다녀야 한다고 하셨다. 고향이 황해도라고 하셨는데, 임진강 너머 이북 땅이 보이는 강화에 살면서 얼마나 고향을 그리워하셨을까? 나는 고향이 아닌데도 예전에 강화도에 갔다가 바닷가를 거닐다 주워 온 돌멩이 하나만으로도 그때를 그리워하는데….

 스님, 고마웠습니다. 이 한마디 말씀을 꼭 전하고 싶은데 어떡하죠?

거해 큰스님

위빠사나 수행에 앞장선 스님

거해 큰스님께서는 남방불교의 스님들과 똑같은 법복을 입으셨고 남방불교식의 수행으로 일생을 살아오신 스님이셨다. 스님은 우리나라에서 살아온 날보다 외국에서 살아온 날이 더 많아서 한국의 일반 불자들에게는 잘 알려지지 않은 분이셨다.

연꽃모임이 결성되었던 1977년, 일타 큰스님께서 "대원성아, 연꽃모임에서 복 짓는 일을 한번 해 보련?"이라고 하시기에, 나는 주저 없이 "예!"라고 대답했다. 말씀을 듣고 보니, 거해 스님께서 미국 텍사스주에 거주하시면서 외국인들을 모아 참선 수행을 지도하고 계셨는데, 의자에 앉는 생활이 익숙한 서양인들이 딱딱한 맨바닥에 앉는 것을 너무나 불편해하고 힘들어하니, 방석

백오십 개 정도를 만들어서 보내 주면 좋겠다는 것이었다.

  당시에는 외국과의 교류가 지금과 달라서 미국에 계신 거해 스님과는 얼굴도 모르던 때였는데, 일타 스님의 부탁 말씀에 기꺼이 약속하게 된 것이다. 우리는 초발심 회원들을 설득하여 직접 천을 구하고 몇 날 며칠을 매달려 미싱 바느질로 백오십여 개나 되는 방석을 만들었다. 솜은 부피가 너무 커서 함께 보내지 못하고 솜 값으로 현금을 준비해서 따로 부쳐 드렸다.

  그 후 몇 년이 지난 더운 여름날, 해인사 지족암에 갔을 때였다. 짙은 밤색 가사를 휘두른 낯선 스님 한 분께서 그곳에 먼저 와 계셨다. 일타 스님께서 나에게 "예전에 연꽃모임에서 방석을 만들어 부쳐 드렸던 그때 그 스님이시다."라고 스님을 소개해 주시면서 "대원성은 부산 명초당 한약방 딸이다."라고 하셨다. 이에 거해 스님께서 크게 놀라시며 너무도 반가워해 주셨다. 오래전 아버지 한약방에 오셨을 때 학생이었던 나를 기억하셨고, 아버지와의 인연도 이야기하시면서 금방 친근한 사이가 되었다.

  마침 공양 시간이 되어 마당을 둘러보니 방앗잎이 있었다. 방앗잎 몇 장을 따서 된장에 버무린 다음 장떡으로 구워 두 분 스님 상에 올려 드렸더니, 거해 스님께서 "참으로 고향 생각이 난다."라고 하시며 맛있게 드셨던 모습이 지금도 생생하게 떠오른다.

그 후 스님께서 부산에 오실 때마다 나는 스님이 좋아하시던 장떡 공양을 빼놓지 않고 챙겨 드렸다. 그런 인연으로 스님은 한국에 오실 때마다 우리 집에 들르셨고 가족처럼 가깝게 지냈다. 스님께서 오시는 날이면 연꽃모임 회원들과 이웃들을 불러 모아 마을 법회를 열기도 했다.

스님은 주로 미국과 미얀마 등 세계 여러 나라를 다니시며 수행하셔서 견문이 넓으셨다. 그리고 철저한 수행자로서 아무것도 가진 것 없는 무소유의 청빈한 스님이셨다. 항상 작은 가방 하나가 짐의 전부였고, 둘둘 감은 누른빛의 가사 한 벌에 샌들 하나만 신고 다니셨으며, 작은 물병 하나로 오후불식午後不食의 계를 지키셨다. 당시 내 눈에는 그 모습이 너무나 생소하고 신기해 보였지만, 스님께서는 진정한 수행자의 모습을 보이셨던 것이다.

그런데 나와 스님은 만날 때마다 감히 다툰다는 표현을 써도 될 만큼 큰 소리로 격렬한 토론을 벌이기도 했다. 심지어 스님께서는 먼 나라에 계시면서도 전화나 편지로 "대원성부터 달라져야 한다."라고 하시며 "불교는 수행이지 요행을 바라는 기도가 아니다."라는 기복祈福과 신심에 관한 말씀을 하셨다. 스님께서는 위빠사나 수행법만이 진정한 불교라며 강요 아닌 강요에 가까운 설법을 하셨고, 나는 스님의 말씀을 이해하지 못하는 것은 아니었지만 우리나라 신도들에게는 아직 수행보다는 기복이 익숙하

1997년 거해 스님과 인도 성지 순례를 함께 하며 남긴 기념사진이다.

기 때문에 신심을 갖기 위해서는 먼저 관음기도나 지장기도, 그리고 여러 경전을 통해 믿음이 확고해져야 한다고 생각했다. 그래야 참선 수행도 할 수 있으니, 아직 불교가 무엇인지도 모르는 초심자들에게 수행부터 강조하며 기복 신앙에서 빠져나오게 하는 것은 도리어 부작용을 일으킬 수도 있다는 견해를 갖고 있었다.

그렇게 스님과 나는 서로 의견 충돌이 잦았다. 내 입장은 차근차근 절차에 따라 배우면서 수행인이 되게 해야 한다는 뜻이었는데 스님께서는 깨달음의 종교부터 먼저 요구하시니, 방법에 대한 입장이 서로 달랐다.

그 시절에는 '위빠사나'라는 단어조차 생소했고 대다수의 한국 스님들도 간화선만 고집하실 때였으니, 우리나라 정서로는 쉽게 받아들이지 못할 때였다. 반면 우리나라에서 위빠사나의 선두 역할을 하셨던 거해 스님께서는 위빠사나 수행을 출가의 가장 큰 보람이라고 강조하셨다.

스님들께 듣기로는, 아주 오래전 젊은 시절에 일타 스님과 송광사 현호 스님, 거해 스님, 이렇게 세 분 스님께서 인도로 성지 순례를 가셨다고 한다. 인도에서 돌아오는 길에 거해 스님만 미얀마 수행원에 혼자 남아 남방불교의 수행을 선택하셨고, 다른 두 분 스님은 한국으로 돌아오셨다고 한다. 그렇게 해서 오랜 세월을 남방불교 수행법으로 자신을 지켜 오신 거해 스님은 수행의 참된 진리를 직접 한국 신도들에게도 심어 주고 싶어 하셨던 것이다.

그런 스님의 마음은 알겠지만, 그 당시에는 기도에 더 큰 비중을 두었던 신도들이 대다수였기에 오히려 성급한 방편이 될 것 같았다. 나뿐만 아니라 심지어 다른 스님들과도 견해 차이로 사이가 편치 못했을 만큼 거해 스님은 신념이 강한 스님이셨다.

주로 미국에 거주하시다 보니 당연히 한국에는 스님께서 머무르시는 절이 없었고 신도 또한 없었다. 스님께서 늘 하셨던 말씀이, 출가한 스님들은 수행이 목적이어야지 남의 기도나 불공에 의존하거나 물질과 가까운 절집 생활을 하는 것은 그 자체로서 바른 불교가 못 된다고 비판하셨다. 틀린 말씀은 아니지만, 우리나라 불교의 오랜 전통이나 정서로서는 쉽게 받아들이기 어려운 현실이었다.

스님께서는 인자하게 용서하기보다 잘못에는 늘 단호하셨고 직설로써 호된 충고를 하셨다. 물론 자신에게도 엄격하셨기 때문에 계율에도 철저하셨으며 정진의 시간을 놓치지 않으셨다. 반면에 덕德이 부족한 스님이라고 해야 할까? 정법을 일러 주려고 그리 강조하셨지만 결국 대중이 따르지 않고 실천하지 않으면 그 법이 어찌 빛을 낼 수 있겠는가!

수행의 참된 진리를 가르쳐 주셨던 거해 스님의 법문은
아직도 가슴속 깊이 새겨져 있다.

나는 개인적으로 거해 스님의 수행을 존중하고 존경하여 때로는 공양도 올렸지만 다른 회원들에게 근기에 맞지 않은 길을 억지로 강요할 수는 없었다. 그래서 스님과 뜻을 같이할 수는 없다. 그런데도 스님은 늘 나를 격려해 주셨고, 포기하지 않고 설법도 해 주셨다.

1997년 3월, 스님을 따라 인도 성지 순례를 함께 떠난 적이 있었다. 스님 15명과 신도 15명으로 총 30명이 23일 동안 태국을 거쳐 인도로 가게 되었는데, 내가 총무를 맡게 되었다. 그때는 너무나 열악한 환경으로 힘들고 고생도 많았다. 거해 스님은 각국의 언어에 통달하여 막힘이 없으셨고 오랜 외국 생활에 익숙하셔서 순례 여정 내내 든든했다. 불교 성지를 방문할 때마다 스님의 명쾌한 설명으로 더욱 감명 깊었던 기억을 잊을 수 없다.

그 후 2006년, 초등학교 2학년이던 외손자 성재와 미국에 갔을 때였다. 미국에 거주하고 계셨던 거해 스님을 찾아뵙게 되었고, 스님의 차편으로 미국 여러 곳을 구경할 수 있어서 참으로 지중한 인연이라 생각했다.

여행 중이던 일요일 아침이었고, 미국 LA의 태국거리에서 탁발 행사가 있는 날이었다. 내가 평소에 꼭 해 보고 싶었던 일이었기에 바로 그날 그 행사에 스님을 따라 참여하게 되었다. 아무것도 준비가 안 된 상황이라 걱정되었지만, 급히 2달러씩 담은 봉투를 30개 만들어 손자와 나눠 가지고, 지나가는 스님마다 발우 위에 올려 드리며 행사에 동참하게 되었다. 이렇게 외국에서 소원 하나를 이룬 데다가 특히 손자와 함께여서 행복했다. 그곳에 있던 많은 신도님들은 가지가지 공양물을 가지고 나왔고, 그중 어떤 사람은 작은 꽃팔찌와 카레와 밥 등을 준비하여 올리는 모습이었다. 탁발하는 스님을 위하는 모습마다 부처님을 대하듯 정성스럽게 예를 올리는 모습을 보며 그곳에 내가 있다는 사실이 신기하고 감동이었다.

그다음에는 한 태국 스님께서 즉석에서 축원과 법문을 하셨는데 나는 말은 알아듣지 못해도 그 뜻만은 이해할 수 있었던 것 같다. 또 거해 스님이 탁발한 공양 중에 가지고 싶은 것이 있으면 가지라고 하셔서 찰밥과 카레를 선물처럼 얻고 감사해했던 그때를 잊지 못한다.

또 미국의 작은 스리랑카 절에 따라갔을 때, 그곳 스님께서 들려주신 이야기다. 스리랑카에 홍수가 나서 절이 떠내려가고 스님들이 수행처를 잃었을 때, 거해 스님께서 법사비로 모은 돈을 모두 내어놓으셔서 절을 복원하는 데 큰 도움이 되었다고 하셨다. 그래서 내가 한국에서 왔다는 말을 들으시고 내게도 극진히 대접해 주셨는데, 스님의 후덕에 감동을 받기도 했었다. 스님께서는 욕심 없이 가진 것을 다 내어놓는 무소유의 삶을 실천하고 계셨다.

얼마 전, 한 친구가 TV에서 보았다며 내게 들려준 이야기다. 어느 한 탈북자의 가족이 한국으로 오려다가 중국에서 잡혀 다시 북한으로 돌아가 처형될 처지였는데, 우연히 거해 스님과 연이 닿아 스님과 인연 있는 한 불자와 함께 가진 돈 모두를 털어 그를 도와주었고, 그 덕분에 그 가족이 무사히 한국으로 귀순할 수 있었다는 것이다. 그런데 그분이 국정원 조사를 다 마치고 거해 스님을 사방으로 찾아보았지만, 스님은 이미 미국에서 코로나로 돌아가셨다는 소식을 듣게 되어 슬픔을 가누지 못하는 모습이었다고 한다. 이 이야기를 듣는 순간 내 가슴도 또 한 번 슬픔으로 무너져 내려 아무 말도 하지 못하고 그저 먼 하늘만 바라보며 눈물을 흘렸다.

지금도 생전에 스님께서 일러 주신 생생한 법문을 기억하며 지난날의 스님 모습을 떠올려 본다. "들이쉬고 내쉬는 순간을 관찰하라. 일할 때는 일에 마음을 두고, 길을 걸을 때는 길을 걷고 있음에 집중하라." 귓가에 담긴 그 말씀을 지금이라도 챙겨 보리라.

다시 만날 수 없는 이별이 오기 전에는 이처럼 절실한 그리움을 느끼지 못했는데, 떠나신 후에야 생전에 더 잘 모시지 못한 후회와 그리움이 밀려와 죄송한 마음뿐이어라.

혜업 큰스님

아란야사에서의 웃음 가득했던 추억

　혜업 스님은 일타 큰스님께서 아끼시던 맏상좌스님이셨고, 운허 큰스님의 강맥을 이어받으신 훌륭한 재자才子의 스님이셨다. 그러나 젊은 나이에 건강이 늘 좋지 않아 일타 스님께서 많이 안타까워하셨다. 혜업 스님께서는 부산 감로사에 주석하고 계시면서 연꽃모임 법회도 챙겨 봐 주셨고 일타 스님과의 인연으로 우리 집에도 자주 오셨다.

　어느 해 여름날, 이웃에 살던 인자성 보살님이 산삼이라며 가져와서는 일타 스님께 드리러 가자고 부탁해서 같이 해인사에 가게 되었다. 스님께 인사를 드리고 "인자성 보살님의 사위가 가져온 산삼을 큰스님께 드리러 왔습니다."라고 말씀드리니, 스님께서는 "중이 더덕이면 최고지 무슨 산삼이냐!"라고 버럭 화를 내시며 아예 보자기를 풀지도 못하게 하셔서 아무 말도 못하고 앉아 있었다.

스님께서 먼 길 왔으니 차나 한잔하고 가라고 하셔서 차를 마시며 앉아 있는데, 얼마쯤 시간이 지났을 때 스님께서 "아, 그래! 그것을 우리 혜업이에게 갖다주면 혹시라도 앓던 병이 나으려나? 어서 가져다줘 보렴."이라고 말씀하셨다.

우리는 그렇게 하겠다고 말씀드리고 서둘러 부산으로 돌아와서 이웃 도반과 함께 감로사에 갔다. 혜업 스님을 뵙고 사정을 말씀드렸더니, 초췌한 모습의 스님께서는 완강한 목소리로 "우리 큰스님도 안 드시는 산삼을 제가 먹다니요? 절대 안 됩니다. 도로 가져가십시오."라고 펄펄 뛰며 거절하셨다. 우리가 아무리 설득하고 졸라도 안 된다는 말만 되풀이하셨다.

우리 일행은 "스님이 건강하셔야 큰스님의 걱정도 덜어 드리고 스님 공부에도 지장이 없을 것이니 제발 저희 말씀을 들어 주십시오."라고 애원하며 말씀을 드려도 스님은 거절만 하셨다. 그러다가 얼마쯤 시간이 지난 후 스님께서 "보살님! 그 약 제가 먹겠습니다. 문득 어젯밤 꿈이 생각납니다. 어떤 노인이 큰 가마솥에 약을 가득 달여서 긴 표주박으로 자꾸만 떠 주기에 계속 받아먹었던 생각이 나네요. 꿈속의 그 약이라고 믿고 먹겠습니다."라고 말씀하셨다.

우리는 박수를 치며 반가워했고 감사해했다. 곧장 산삼과 대추 몇 개를 함께 넣고 끓여서 스님께 올리고 계속 드시게 했다. (사실 내가 보기에는 산삼이 아닌 수삼 한 뿌리로 보였다. 나는 어려서부터 한약방을 하시는 아버지가 전국의 산삼을 감정하시는 모습을 많이 보아 왔기에 속으로는 산삼이 아니라고 알고 있었지만, 약에 대해서 사람들이 잘 모르니 구태여 설명할 필요도 없고 오직 믿는 마음 하나만으로 드시게 했었다.)

어쨌든 그 후 스님은 병석에서 일어나셨고 부쩍 좋아진 모습을 뵐 수 있었다. 혜업 스님께서 잦은 병고로 고생하시니 사가의 동생 스님께서 스님이 마음 편히 계실 수 있도록 아주 작은 절 하나를 마련해 드렸는데, 그곳이 바로 수정동에 자리한 아란야사였다.

1985년 여름, 스님을 잘 모시던 안동 보살님께서 혜업 스님께 안동포 옷을 선물하여 입혀 드렸는데, 그 모습이 하도 좋아 보여서 우리도 스님을 졸라 그 보살님께 안동포를 구하게 되었다. 네 명이 똑같이 옷을 만들어 입고 스님이 계시는 아란야사로 택시를 타고 가니, 기사님이 우리더러 "상주 옷을 입고 어디를 갑니까?"라고 물어서 한바탕 웃기도 했었다.

절에 도착했을 때 담장 아래 보라색 도라지꽃이 피어 있었고,

1985년 여름, 도반들과 함께 혜업 스님을 따라서 안동포로 옷을 지어 입고 스님을 친견했던 그날의 추억을 잊을 수 없다.

스님과 우리는 같은 색으로 옷을 입고 나란히 사진도 찍으며 아주 즐거워했다. 스님께 "저희가 미리 이렇게 상주 옷을 입고 보여 드리러 왔습니다."라고 말씀드리며 참 많이도 웃었는데, 그때 그 말이 지금까지도 마음에 걸리게 될 줄은 몰랐었다.

 어느 해 음력 설이었다. 도반들과 함께 일타 큰스님께 세배를 드리러 해인사 지족암에 갔을 때, 혜업 스님도 시봉 보살님과 함께 오시고 혜인 스님도 와 계셨다. 모처럼 한 식구가 만난 것처럼 서로 반가워하며 저녁 공양을 마치고 차를 마신 다음, 다 같이 둘러앉아 윷놀이를 하게 되었다. 나는 혜인 스님과 한편이 되었고, 혜업 스님은 다른 도반과 한편이 되어 윷놀이를 했는데, 우리 편은 계속 이기게 되어 너무 신이 났고, 혜업 스님 편은 계속 지니 약 올라 하며 즐거운 시간을 함께 보내게 되었다.

 다음 날 아침 공양을 마치고 부산으로 버스를 타고 내려오는데, 뒷좌석에 앉은 시봉 보살님이 내 옷자락을 당기며 말하길, "우리 스님 얼마 못 볼 겁니다. 지금 많이 안 좋으세요."라고 하는 것이었다. 그 말을 듣는 순간, 눈앞이 캄캄해져서 아무것도 보이지 않았고 너무 마음이 아파 엎드려서 두 손으로 눈을 감싸며 한참 울었다. 고개를 들어 스님 자리를 보았을 때, 이미 스님은 대구로 가신다고 버스에서 내리신 뒤였다. 살아 계신 모습에서 죽음을 생각하는 기막힌 일에 슬픔을 가눌 수가 없었고 어떻게 말을 해야 할지 알 수 없었다.

  보름 후 스님께서 우리 집에 오실 기회가 있어 다행히 또 뵐 수 있었다. 그날은 스님이 편찮아 보이셔서 흰죽을 끓여 드렸다. 그러고는 즐겁게 이야기를 나누며 좋은 시간을 보냈는데, 이틀 후에 스님이 입적하셨다는 부고를 받게 되었다. 그때 나는 너무도 황망한 슬픔에 휩싸였고 아직도 그 순간에 멎어 있는 듯 잊지를 못한다. 그래도 스님께 마지막으로 죽 공양을 한 일은 잘한 일이었다고 스스로에게 위로가 되었다.

  윷놀이를 했을 때 우리 편이 꼭 이기려고 하지 말고, 스님이 이겨서 좋아하시는 모습을 보았다면 차라리 좋았을 것을…. 별일 아니었던 지난날들을 돌이켜 보며 상대방을 배려하지 못했다는 후회가 밀려왔다.

  스님은 지금 어느 곳에서 불법佛法을 홍포弘布하고 계실까? 어쩌면 먼저 가신 스님들과 만나 옛이야기를 나누고 계시지 않을까? 여름날 보라색 도라지꽃이 필 때마다 아란야사 뜰에서 스님을 만났던 그날이 떠오른다. 같은 색의 안동포 옷을 해 입고서 온 도량에 남겼던 웃음소리가 지금도 생생하다.

혜인 큰스님

가족 같았던 스님과의 인연

혜인 큰스님은 일타 큰스님의 맏상좌스님이셨고, 신심이 발로할 만큼 염불과 법문을 유창하게 잘하셔서 요즘 말로 인기 스타 스님이셨다.

불교를 어렵게만 생각하던 그 시절의 불자들에게 염불 수행으로 길을 열어 주셨고, 절을 하는 참회의 수행으로 신심을 키워 주심으로써 포교의 공덕을 크게 이루신 스님이셨다. 스님께서 염불 기도를 하시면 이를 따라 하는 신도들 모두 감동의 눈물을 흘리며 기도의 참뜻을 알게 되었다. 스님께서 가시는 곳이라면 전국 어디라도 따라가서 법문을 듣는 신도들이 넘쳐나니, 혜인 스님의 법문이 있는 날에는 인산인해로 발 들일 틈이 없을 만큼 북새통을 이루기도 했다.

특히 스님께서 부모은중경 법문으로 효심을 일깨워 주실 때면 여기저기 눈물을 흘리는 신도들로 울음바다가 되기도 했었다. 이렇게 법문을 통해 많은 이들을 참불자가 되도록 이끄신 스님은 포교의 일등 공신이셨다.

어린 나이에 출가하셔서 어른스님들로부터 익힌 글공부와 법문은 경지에 이를 만큼 훌륭했고 많은 신도들로부터 존경의 대상이 되었다. 50대의 젊은 나이에 제주도 서귀포시에 평생의 원願으로 약천사를 세워 전국에서뿐만 아니라 세계인들이 찾는 관광명찰로 거듭나게 하신 큰 원력의 스님이셨다.

그러나 스님도 처음부터 말을 잘하거나 법문을 잘했던 것은 아니었다고 하셨다. 아주 젊었던 시절, 제주도에 양진사라는 절을 지으셨을 때 많은 큰스님들과 신도님들 앞에서 해야 할 인사말을 열심히 준비했지만, 막상 사부대중들 앞에 서니 눈앞이 캄캄해지고 말이 제대로 나오지 않아 '원근각처遠近各處'라는 같은 말만 스무 번 정도 외다가 얼굴이 빨개져서 내려오고 말았다는 것이다. 스님께서는 그때를 생각하면 참으로 어이가 없었다는 말씀을 자주 하셨다.

그러다가 어느 해 해인사 팔만대장경각에서 백팔만 배 절을 하고 난 후부터 저절로 말문이 열려서 아무 준비 없이도 언제 어디서든 녹음 테이프를 틀어 놓은 것처럼 법문이 줄줄 쏟아져 나오게 되었다는 것이다. 그 후 전국 어디서나 스님께서 가시는 곳곳마다 법문의 무대가 되었고 대법사라는 칭호로 초청이 쇄도하게 되었다고 한다. 특히 스님의 부모은중경 법문은 그보다 더 큰 감동의 노래가 없다며 많은 이들이 마치 앙코르 무대처럼 기대하고 반겼다.

게다가 붓글씨도 잘 쓰셨던 스님 덕분에 신도님들 집집마다 액자며 병풍이며 스님의 글을 걸어두고 가보家寶로 간직할 정도였으니, 스님의 삶이 활기찬 불사의 회향으로 이어져 갔다. 그중 스님께서 제일 많이 쓰신 글이 "성 안 내는 그 얼굴이 참다운 공양구요, 부드러운 말 한마디 미묘한 향이로다. 깨끗해 티가 없는 진실한 그 마음이 언제나 한결같은 부처님 마음일세."였고, 병풍의 글로는 이산 혜연 선사의 발원문을 즐겨 쓰셨다.

또한 스님의 법문을 녹음한 테이프는 날개 돋힌 듯이 전국으로 퍼졌었다. 스님은 쉴 틈 없이 많은 법석에 서시며 글을 써서 전시회를 여셨고 그 수입금으로 불사를 시작하여 오늘날 제주도 약천사의 대가람을 이루셨다.

일타 큰스님과의 인연으로 맏상좌스님이신 혜인 스님과 유발상좌였던 나는 남달리 가깝게 지내는 가족 같은 관계였고, 스님께서도 우리 집에 자주 오시곤 했다. 제주도에서 부산으로 오실

1984년 겨울, 아이들과 함께 혜인 스님을 친견했던 추억이 있다.

명필로 유명하셨던 혜인 스님의 전시회를 찾은 우리 내외의 모습이다.

때마다 공항에서 미리 전화를 주셔서 "나 지금 집으로 갈 터인데, 된장찌개와 김치만 있으면 되니 밥 좀 먹게 해 주이소."라고 말씀하셨다. (스님께서는 유난히 우리 집 된장찌개를 좋아하셨다.) 이렇게 전화를 끊고 잠시 후면 스님께서 우리 집에 도착하셨고, 차려 놓은 반찬이 많지 않아도 맛있게 드시곤 하셨다. 스님의 공양은 그야말로 소박한 절[寺]식이었고 일반 음식은 아무거나 드시지 않으셨다.

지금으로부터 45년 전 여름이었다. 일타 스님께서 영도 백련암에서 보살계를 설하신 날이었다. 오후 늦게 스님을 택시로 모시고 우리 집으로 오고 있었는데, 까만색 자가용 한 대가 우리 집 앞까지 계속 따라왔다. 나중에 알고 보니 일타 스님을 자기 집으로 모실 생각으로 따라온 보살님의 차였다.

우리 집은 큰스님을 친견하려고 몰려든 사람들로 가득했고, 스님 턱밑까지 사람들이 앉게 되어 스님도 민망하셨는지 "아이고, 눈이 너무 가까이 있어서…."라고 하셨을 정도였다. 그렇게 많은 사람들이 운집한 가운데 스님의 법문을 청해 듣게 되었다.

나는 손님맞이로 차를 준비하고 과일도 깎아야 했다. 그렇게 밤이 늦도록 스님께서는 초발심 회원들을 위해 법상에서 법문하시듯 정식으로 법문을 해 주셨으니 모두가 신심으로 자리에서 일어날 생각을 하지 않았다.

다 마치고 일어날 무렵, 자가용을 몰고 온 보살님이 일타 스님을 자기 집으로 모시려고 하자, 스님께서는 "여기 대원성 집에서 자고 갈 테니 보살님은 먼저 가십시오." 하면서 보내셨다. 그 보살님은 그날 처음 보는 분이었다.

다음 날 아침, 그 보살님이 또다시 스님을 모시러 우리 집으로 왔다. 그래서 혜인 스님과 나도 그 보살님 집에 따라가게 되었다. 보살님의 집은 대연동에 위치한 크고 아름다운 이 층의 양옥집이었다. (그때까지 살면서 그렇게 좋은 집은 처음 보았다.)

집에 들어서니 마당의 긴 냇물을 따라 팔뚝같이 큰 금고기와 은고기가 국수와 식빵을 물고 다니는 희귀한 광경에 나는 두 눈이 휘둥그레졌고 큰 나무들이 잔디와 함께 마당을 장식하고 있었다. 생전 처음 보는 광경에 신기하고 놀라웠다.

이 층에는 큰스님의 글씨로 병풍이 빙 둘러쳐져 있었고 큰 방석에 부처님처럼 스님을 모실 준비가 되어 있었다. 잘 차려진 점심 공양을 마치고 차도 마셨다. 그리고 잠시 후 그 보살님이 나를 보고 할 말이 있으니 좀 앉아 보라고 했다. 마주 앉은 내게 보살님은 훈계를 하기 시작했다.

"여기 와 보니 알겠지요? 이렇게 완벽하게 스님을 모실 준비가 잘 되어 있는 것을 보니 알겠지요? 어떻게 그 비좁은 집에 감히 큰스님을 모시고 숨도 쉬지 못할 만큼 사람들을 불러 모아 함부

제주도 어느 마을에서 한 노보살님이 공양 올린 물 한 사발도 감사히 드시던 혜인 스님의 정거운 모습이다.

로 법회를 하며 스님을 고생시킵니까? 감히 큰스님을 그렇게 모실 생각을 하다니! 다시는 그 집에서 큰스님을 모실 생각은 하지 마시오." 하면서 나를 야단치는데, 나는 아무 말도 못하고 죄인처럼 듣고만 있었다. 그런데 마침 그 앞을 지나다가 그 말을 듣게 된 혜인 스님께서 크게 화를 내시며 말씀하셨다. "보살! 무슨 말을 그렇게 한단 말이오? 대원성은 우리 가족과도 같은 문중 사람이오. 당장 사과하시오. 집이 좋고 부자로 살아야만 스님을 모시는 줄 아시오? 당장 대원성께 사과부터 하란 말이오!" 하면서 호통을 치셨다. 그 보살님은 당장 무릎을 꿇고 앉아 내게 잘못을 빌었고 나는 당황하여 할 말을 잃었다.

그렇게 성심껏 대접을 잘했는데도 나 때문에 분위기가 싸늘해지고 말았다. 다 가진 환경에서 우리 집의 모습을 보니 그렇게 보였나 보다 싶었다. 아직도 나는 그날의 일을 잊지 못한다. 혜인 스님의 정도正道의 뜻을 읽게 되었고, 가족처럼 챙겨 주신 고마움을 여전히 기억하고 있다. 또 나도 그날부터 사람을 함부로 대하지 않아야겠다는 큰 깨달음을 얻게 되었다.

그런데 너무 단순한 스님의 성품이 때때로 나와는 맞지 않아 다툼이 있기도 했었다. 의견 충돌이 있을 때마다 일타 스님께서 화해하도록 중재를 서 주시기도 했다. 혜인 스님은 성격이 다소 급하셨고 단순하셨으며, 노골적인 말투로 말씀하시면 그냥 넘어

가지 않는 내 성격과 부딪쳤던 일들이 생기곤 했다. 그때마다 일타 스님께서는 꾸짖기보다 지혜와 자비심으로 다스려 주셨다.

속 좁은 내가 삐져서 말을 안 할 때도 큰스님께서는 혜인 스님에게 일부러 우리 집으로 심부름을 보내셨고 화해할 수 있는 기회를 만들어 주셨다. 큰스님께서는 내게 "대원성아! 혜인이가 지금은 모가 난 돌 같지만 언젠가는 바닷가의 몽돌처럼 부드럽고 둥근 수행자가 될 것이다. 그러니 지금은 네가 좀 참아야겠다."라고 자상하게 말씀하셨다. 이처럼 큰스님은 두 사람 모두 아프지 않게 화해시키셨다. 여러 차례 불편한 일들이 있었지만 혜인 스님도 나도 근본을 벗어나지 않았기 때문에 오히려 서로 허물이나 격의 없이 고마움을 갖게 되었다.

혜인 스님께서는 어쩌다 시간이 날 때면 바둑 두기를 좋아하셔서 우리 집 처사님과 만날 때마다 바둑을 두느라 밤을 꼬박 새울 때도 한두 번이 아니었다. 공양을 하실 때면 항상 김치와 된장만으로도 만족하셨고 찬을 나무라는 일이 없었던 스님이셨다.

스님의 말년에 서울역에서 우연히 만난 적이 있었다. 얼굴과 몸이 퉁퉁 부은 스님의 모습은 한눈에 봐도 많이 편찮아 보이셨다. 우리 일행이 그 자리에서 스님 약값에라도 보탬이 되길 바라며 봉투를 전했는데, 스님께서는 봉투를 열어 보지도 않으시고 곁에 앉아 계셨던 또 다른 스님에게 차비에 보태 쓰시라며 그 봉투를 내미시는 것이었다. 그 순간 조금 섭섭한 마음도 들었지만, 스님의 깊은 마음이 참으로 고마웠다.

스님께서 입적하시기 얼마 전, 스님을 뵈러 은해사 기기암으로 갔었다. 그날은 스님께서 "그동안 고마웠는데 오늘은 내가 밥을 한번 사고 싶다."라고 하셨다. 그리고 공양주에게 부탁하여 준비하신 머위와 산채 나물을 한 소쿠리 나눠 주셔서 가져오기도 했었다.

며칠 후, 스님께서 곧 가실 것 같다는 소식을 듣고 상좌스님 차 편으로 기기암에 함께 갔는데, 스님 스스로 곡기를 끊으시고 겨우 솜으로 목을 축이고 계실 때였다. 나도 스님께 숟가락으로 세 번 물을 넘기게 해 드렸는데, 스님께 올리는 마지막 공양이 되었다. 스님은 나를 보시자마자 손을 꼭 잡으시고 "그동안 우리 큰스님과 문중에 참 고마웠다."라며 인사를 하셨고, 나도 "스님, 편안히 잘 가십시오."라고 마지막 하직 인사를 하며 아쉬운 마음으로 마루로 나왔다. 쏟아지는 눈물을 감당할 수가 없고 슬픈 마음을 가눌 길이 없어 그만 소리 내어 울고 말았다. 스님은 마지막 유언으로 상좌스님마다 각각 당부의 말씀도 하셨다. 그렇게 일생을 회향하시는 스님의 모습을 보며 아무 말도 필요치 않고 그저 참담한 심정이었다.

늦은 밤, 차를 타고 절 마당을 나오려는데, 어디선가 나타난 예쁜 아기 노루 한 마리가 법당 쪽으로 바라보고 앉아 있었다. 아기 노루가 비켜 줄 때까지 기다리며 한참을 마주 보고 있었다. 신기한 장면을 보고 돌아 나오는데 이번에는 뿔이 달린 큰 노루 한 마리가 절을 향해 올라오고 있었다. 아마도 아빠 노루인 듯한데, 스님 가시는 길에 인사라도 하러 온 것일까? 산짐승도 인사하러 오는 것을 보니 아마도 스님께서 곧 가시려나 보다 하고 집으로 돌아왔는데, 다음 날 스님께서 입적하셨다는 부고를 받았다.

 불편했던 몸을 벗어 버리면 아프지 않아 좋으셨을까? 꺼질 줄 모르던 그 신심을 안고 가신다면 더 큰 세상에서 금생에 못다 한 꿈을 이루시리라 믿으며 응원의 기도를 올리는데, 하염없이 흐르는 눈물은 스님을 추모하는 뜻이리라.

 혜인 스님께서 자주 하신 법문 중에 "아무리 작은 돌이라도 물에 던지면 물속에 가라앉고 말지만, 큰 바위라도 배에 실으면 바다를 건널 수 있다."라는 말씀을 기억하며, 그 깊은 뜻과 지혜를 배워 가는 것이 곧 참된 불자의 길이라 믿는다. 마지막으로 가시기 전에 불편한 몸인데도 인연 있었던 영가님들과 모두를 위해 천도재를 올리시고, 평생 해 오신 백팔 배도 마치고 가신 스님께 소리 없는 박수와 존경의 합장을 올린다.

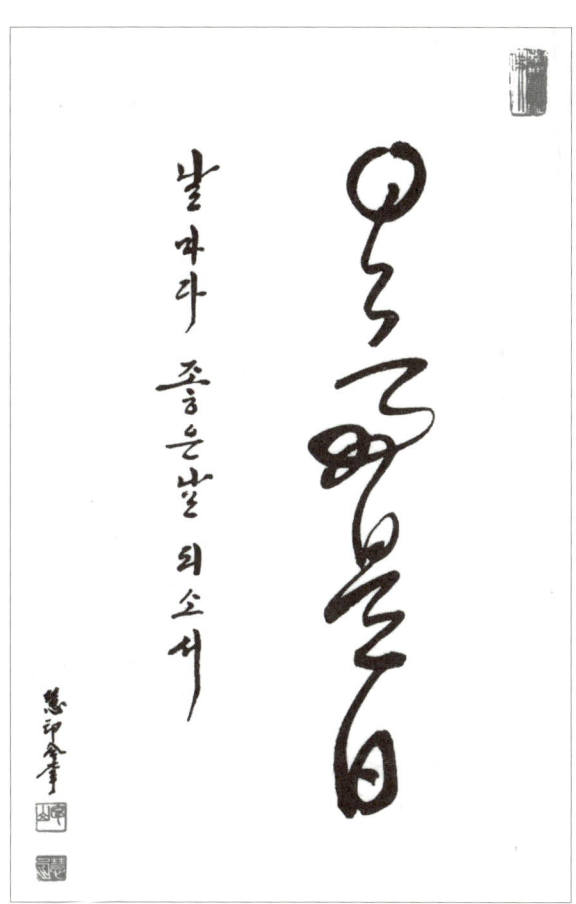

혜인 스님께서 써 주신 연하장.

관조 큰스님

집착 없는 수행자의 삶

　관조 큰스님은 범어사에서 조용히 계시던 스님이셨다. 어떤 소임도 맡지 않으셨고, 사진을 통해 널리 불교를 알리는 사진작가 스님으로만 알려진 분이셨다. 스님은 다른 스님들과는 다른 솔직한 언행을 보이셨고 그것이 어쩌면 인간의 본모습으로 느껴졌다. 거침없는 입담과 말투로 때로는 오해를 살 수도 있었겠지만, 알고 보면 그 속에도 진리가 담겨 있었을 것이다.

　그러면서도 스님은 인간적으로 참 따뜻했고 거짓 없는 그대로의 모습으로 살아오신 분이셨다. 그래서인지 처사님들이 특히 스님을 좋아했고 허물없이 농담도 주고받으며 웃음이 가득했었다. 스님의 처소는 구석진 아주 작은 방 하나에 쌓아 둔 것 없이 소박한 모습이었는데, 스님의 단조로운 일상이 다 들여다보일 정도의 짐이 전부였다.

　새벽에 온천장으로 목욕을 오실 때면 아무렇지 않게 우리 집에 들르셔서 아침 공양을 부탁하시곤 했다. 대중처소에서는 시간이 지나면 공양이 어려우나, 우리 집은 허물없이 만만한 인연이었기에 편하게 오셨던 듯하다. 스님께 드릴 김장 김치는 소찬으로 언제나 준비가 되어 있었지만, 급히 공양을 준비해야 할 때는 난감할 때도 있었다. 그럴 때는 마당에 심은 케일을 뜯어 급히 찬을 만들고 된장을 끓여서 상에 올리기도 했다. 가족 같았던 스님은 남이 아닌 우리였다. 스님께서 다대포 해수욕장으로 낙조를 찍으러 가실 때 친구들과 함께 따라간 적도 있었고, 스님 방에서 차를 얻어 마시기도 했다.

　어느 여름날 옥잠화 꽃이 피었을 때였다. 도반들과 스님을 뵈러 갔는데, 스님이 바깥으로 나가시더니 두 손 가득 옥잠화 꽃을 들고 오셨다. 부침 가루를 묻혀 작은 휴대용 가스불에 전을 구워 주셨는데 그때 태어나서 처음 먹어 본 그 맛을 지금도 잊을 수 없다. 마치 어릴 적 비 오는 날이면 엄마가 콩을 볶아 주기도 하고, 쌀을 볶아 주기도 하고, 부추전을 구워 주기도 했던 옛 생각이 날 정도로 우리는 너무 좋아하며 행복해했다.

　스님의 집착 없는 모습 또한 잊히지 않는다. 어느 날 누군가 스님께 보시 봉투를 드렸는데, 곧이어 다른 어떤 스님이 오시니 그 자리에서 열어 보지도 않은 봉투를 그대로 그 스님께 드리는 모습을 보고, 젊었던 우리는 크게 놀라며 이해하기 어려웠다. 이처럼 스님은 집착 없이 수행자의 삶을 남모르게 실천하며 사셨던 분이셨다.

그 시절도 다 지난날의 추억이 되었고, 아직 살아 계셔야 할 스님께서 왜 그리도 서둘러 가셨는지…. 남겨진 사람은 언제나 그리움을 안고 살아야 하는 이 얼마나 묘한 세상의 인연이란 말인가!

어느덧 세월이 한참 흘러, 그 시절에 어린아이였던 우리 아이들도 다 자라서 어른이 되고 결혼도 했다. 어느 날 막내딸에게서 전화가 왔다. 가평에 있는 백련사에 갔는데 바위에 이상한 조각이 있어 살펴보니, 어릴 적 우리 집에 자주 오셨던 관조 스님의 부도 탑에 카메라를 상징하는 조각이 있기에 너무 놀라고 반가워서 나에게 알려 주려고 전화했다는 것이다. '인연이란 이런 것이구나.' 하고 생각하며 한동안 스님과의 옛 추억에 젖기도 했다.

어쩌면 지금도 어딘가에서 스님은 가시는 곳곳마다 사진으로 담고 계시지 않으실까? 보고 싶네요, 스님!

욕심과 집착 없이 수행자의 삶을 묵묵히 실천하며 사셨던 관조 스님.
스님과 함께했던 1981년의 모습이다.

정관 큰스님

종교를 초월한 스님의 원력

정관 큰스님과 나는 아주 젊은 시절부터 불교 행사에서 자주 만나게 되어 언제나 친근했던 사이였다. 스님은 영주암 주지로 계셨는데, 나는 어쩌다 한 번씩 행사가 있거나 재가 있을 때면 영주암에 가게 되었다.

어느 날 스님께서 내게 부탁이 하나 있다고 하셨다. 내가 금강경 한글 번역본을 사경으로 써서 크게 책으로 만들었는데, 그것을 보시고는 100권이 필요하니 보시해 주면 고맙겠다고 하셨다. 49재를 지낼 때마다 금강경을 독송하면 대다수의 신도들이 한문을 어려워하는데, 내가 쓴 책은 알기 쉽게 이해하며 읽을 수 있고 글자가 크니 안경 없이도 읽을 수 있어 참 좋을 것 같다고 하셨다.

당장에 100권을 보시해 드렸더니 스님께서는 좋아하시면서 이 책은 글 수가 많아 32품을 두 번으로 나누어 읽는다고 하셨고, 신도님들도 너무 좋아한다고 하셨다. 그러다가 우리 회원 중 한 명의 부군의 재가 있어서 갔을 때도 많은 신도님들이 이 책을 읽고 난 다음 "절에서 늘 한문 경전만 보다가 이렇게 한글로 읽으니 이해가 되어 참 좋다."라고 했다.

그 후 정관 스님께서 범어사 주지로 계실 때 나는 새벽 기도를 다녔는데, 새벽 예불을 마친 후 스님께서는 늘 혼자서 목탁을 치며 기도를 하셨다. 범어사 주지스님이면 부산지역 불교 행사마다 다 다니셔야 하니 얼마나 피곤하실까 싶지만, 스님께서는 예불과 기도만큼은 빠짐없이 하는 것이 철칙이었다. 어떤 날은 너무 피곤하셨는지 기도하시다가 선 채로 졸기도 하셨을 정도였다. 한겨울에도 추운 법당에서 시간을 지켜 기도하셨던 스님이셨다.

스님과 나는 주로 불교 행사에서 만났는데, 어느 날 범어사 수계 법회를 마치고 일타 스님을 따라 여러 어른스님들께서 우리 집에 오셨을 때, 정관 스님도 함께 오시게 되었다. 스님께서 나를 보시더니 "보살이 어찌 여기 있소?"라고 하셔서, "여기가 우리 집입니다."라고 하니 "보살네 집이 여기였어요?" 하시면서 깜짝 놀라셨다.

정관 스님(왼쪽)께서 범어사 주지 소임을 맡고 계시던 시절,
새벽 기도를 마치고 부주지 혜총 스님과 함께
빗자루로 마당을 쓰시던 때에 찍은 사진이다.

한번은 범어사 주지실에 갔더니 책을 가득 쌓아 두고 누구든(종교가 달라도) 오면 한 권씩 선물로 주셔서 나도 한 권을 받아 온 적이 있었다. 그런데 그 책이 놀랍게도 내가 한글 사경으로 쓴 부모은중경이었다. 내가 썼다는 이름만 빼고 인쇄하여 나눠 주고 있었던 것을 그제야 알게 되었다. 일반적으로 그러면 안 되는 일이었지만 스님이셨기에 "스님! 이 책은 제가 쓴 책인데요?"라고 웃으며 말씀드렸더니 스님께서는 "하도 내용이 좋고 글도 좋아 누구나 보면 좋을 것 같아서…."라고 하셨다.

그리고 얼마 후 한번은 밤중에 모르는 남자의 목소리로 전화가 걸려 왔다. 대원성 보살님이냐고 묻기에 그렇다고 했더니 자기를 소개했다. 미국에서 한국에 일이 있어서 잠시 왔다가 범어사를 방문하게 되어 주지스님을 만났는데 그때 부모은중경 책을 선물로 주셨다고 했다. 사실 자기는 기독교인이라 별 관심 없이 책을 받았는데, 밤에 잠이 오지 않아 무심코 이 책을 뒤적이다가 부모에 대한 절절한 은혜를 읽고 얼마나 울었는지 모른다고 말했다. 아무리 종교가 달라도 부모 자식 간의 관계만은 다를 리 없지 않겠느냐며 이 책을 100권 정도 주문할 수 있는지 묻는 것이었다. 나는 흔쾌히 해 드리겠다고 약속하고 책을 부쳐 드렸다. 이처럼 타 종교인에게 잠시나마 불교의 의미를 느끼게 해 준 인연에 감사했다.

스님과 나는 젊은 시절부터 살아온 흔적을 서로 잘 알았기에 오랜 세월 속에서 익어 가는 정을 함께 느끼며 지난날의 찬란했던 불교에 대한 사랑을 이제는 차츰 내려놓을 때가 된 것을 알고 있었다.

스님께서 떠나시고 지난날의 추억들은 사진으로만 남게 되었다. 스님께서 범어사 주지셨던 시절, 대중들과 새벽 기도를 마치고 긴 빗자루로 마당을 쓸던 모습이 너무 보기 좋아서 어느 날 일부러 카메라를 가지고 가서 사진을 찍었는데, 그 모습은 참으로 잊을 수 없는 명장면이었다. 혜총 부주지스님과 나란히 빗자루를 들고 찍은 사진은 나중에 혜총 스님의 책 『새벽처럼 깨어 있으라』의 표지로 쓰이기도 했다.

날마다 기도 삼매에 드셨던 정관 스님! 지금은 어디에 계시는지요?

묘찬 큰스님과 도의 큰스님

효심과 기도 공덕을 깨우쳐 주신 스님들

　내가 처녀였던 시절, 아버지 한약방에 들르시는 스님들 중 유일하게 두 분의 비구니 스님이 계셨다. 진주 진양군 집현면 응석사의 주지 묘찬 스님과 총무 도의(희자) 스님이셨다. 비교적 자주 오셨던 터라 나도 친히 뵙게 되었고 너무 신기한 스님으로 느껴져서 스님이 계시는 절에도 꼭 한번 가 보고 싶어 했다. 그래서 아버지 몰래 스님이 계시는 절의 주소를 적어 두었다.

　아버지께 허락을 받기는 엄두도 못 낼 일이었기에 계속 기회만 노리고 있다가, 음력 2월 16일 엄마 제삿날에 다른 가족들은 일을 못하게 해 놓고 나 혼자 어머니께 마지막 제사를 올린다는 생각으로 음식을 장만하여 제사를 지냈다. 그러고는 아버지와 큰오빠에게 내가 집을 떠나려는 이유를 종이에 적어 두었다.

　몰래 집을 나와 미리 짐을 맡겨 둔 친구 집에 갔는데, 나보다 먼저 도착한 작은오빠가 친구 집 대문 앞에서 기다리고 있었다. 알고 보니 그 친구가 내가 올 때가 되었는데 오지 않으니 아버지 한약방으로 전화해서 나를 찾았는데, 우리 집 식구들은 이미 내가 집을 나간 사실을 알고 걱정할 때였으니 친구의 전화를 받은 아버지는 아무것도 모르는 척 친절한 목소리로 안부를 물으며 어디에 살고 있는지 물어 주소를 알게 되었고, 작은오빠를 급히 보내 나를 데려오게 했던 것이다.

　나는 꼼짝 못 하고 작은오빠에게 붙들려 다시 집으로 오게 되었고 그때부터 가족 모두가 날마다 나를 지키기까지 했다. 그래도 미련을 버리지 못한 나는 틈만 나면 절에 가도록 허락해 줄 것을 애원했지만 쉽지가 않았다.

　포기하지 않고 졸라대는 나를 아무리 설득해도 수용이 없자, 어느 날 아버지가 내게 영화나 한 편 보고, 차나 한잔 마시고 돌아오리라는 기대로 적은 돈을 주시면서 조금 흥분하신 목소리로 "이 돈으로 현관문을 나서면 너는 내 딸이 아니니 그래도 좋으냐?"라고 물으셨다. 나는 그래도 가겠다고 말하고 집을 나왔다.

　초행길에 시외버스를 타고 진주까지 갔을 때 응석사까지 가는 버스는 하루 한 번밖에 없었는데 이미 버스가 떠나 버려서 갈 수가 없는 상황이었다. 진주에는 나와의 인연이 전혀 없었던 터라 하룻밤 묵을 곳이 없어 너무나 난감하고 당황스러웠지만 택시로는 갈 수 있다니 그나마 다행이라 생각했다. 가진 돈을 단 한 푼도 남길 수 없었지만, 아는 이 하나 없는 곳에서 달리 어찌할 방법이 없었기에 택시를 타야 했다.

응석사에 도착했을 때는 저녁노을이 지고 있을 무렵이었고 한창 초파일 등을 만들고 있었다. 그런데 도량 곳곳이 전혀 낯설지 않고 내가 살고 있는 내 집 같은 포근함이 느껴져서 신기했었다. 스님들과는 이미 익숙한 만남이어서 나를 친절히 대해 주셨고, 그때는 주지스님께서 법화경 번역 중이셨는데 한 글자라도 잘못될까 봐 온 정성으로 기도하던 중이셨다.

내게도 그 번역이 무사히 잘 되도록 백일 기도를 권하셔서 덜컥 약속을 하고 말았다. 당시 기도를 제대로 해 본 적이 없었던 나는 그래도 스님의 뜻에 따라 열심히 백일 기도를 하게 되었는데, 기도하는 중에 아버지의 모습을 떠올릴 때마다 죄송한 마음에 눈물이 날 때면 속울음으로 조용히 울어야 했다.

묘찬 스님을 모시는 도의 스님의 모습만 봐도 그랬다. 스승과 제자일 뿐 피가 섞인 일가친척도 아닌데 도의 스님께서는 은행나무에서 은행이 떨어지면 곱게 씻어 아궁이 숯불에 구워서 접시에 담아 큰스님께 드렸고, 큰스님이 목욕하실 때면 마치고 나

오실 때까지 옷가지를 들고 밖에서 기다리는 모습을 볼 때마다 내 마음은 불효의 덫에 걸려 슬퍼지기 마련이었다.

또 부처님을 향하는 스님들의 정성은 말로 다 할 수 없을 정도였다. 불전에 올리는 모든 음식들은 따로 작은 부엌에서 조리하였고, 심지어 그릇 하나 땅에 내려놓지 않았으며, 어쩌다가 실수로 땅에 내려놓은 그릇은 밖으로 밀려나야 했다. 시장에서 부처님 전에 쓸 그릇을 새로 살 때에도 땅에 놓지 않으려고 머리에 이고 절까지 오는 모습을 보면서 나는 놀라지 않을 수 없었다.

스님들은 빵에도 우유와 달걀이 들었다며 절대로 드시지 않으셨고 철저한 채식 공양만 고집하셨다. 화장실에 가실 때도 얼른 전용 옷으로 갈아입고, 다녀와서는 목욕을 한 다음에라야 법당에 들어가셨는데, 하루 두 번이든 세 번이든 이를 지키셨으니 오로지 부처님께 온 마음을 다 바쳐 일생을 살아오신 스님들이셨다.

내가 처음 절에 갔을 때도 화장실을 갔다 올 때마다 손을 21번씩 씻어야 한다고 일러 주시며, 재로 7번, 비누로 7번, 맹물로 7번을 정해서 씻어야 한다기에 나는 "왜 그리 별나게 해야 합니까?"라고 대들기도 했었다. 그러다 차츰 나도 내 스스로 그렇게 하지 않으면 안 되는 것처럼 따라 하게 되었다.

백 일이 지나자, 강화도 보문사로 자리를 옮겨 기도하러 가시는 묘찬 스님과 도의 스님을 따라 나도 갔다. 그곳에서도 마찬가지의 서원으로 기도를 두 달 동안 하게 되었다. 묘찬 스님은 나를 데려다 놓고 가시고, 나는 그곳에서 묘찬 스님의 상좌 도의 스님과 함께 있게 되었다. 도의 스님은 하루 한 끼 사시기도로 올린 공양만 드셨고, 한번 목탁을 잡으면 13시간은 보통일 정도로 기도에만 전념하셨다.

도의 스님은 마산에서 여고를 졸업하고 설날 가족들이 큰집에 제사 지내러 가고 없는 틈을 타서 몰래 집을 나왔다고 하셨다. 그 후 스님이 되기 위해 진주 응석사를 찾아가 8년을 졸라 머리를 깎으셨다고 했다. 스님은 어려서부터 산신각만 봐도 절을 했던 신심 깊은 출가자였다.

나는 보문사 눈썹바위의 관음전에서 하루 사분 정근으로 2시간씩 꼭 지키며 기도했다. 서해 앞바다의 새우잡이 배들의 항해를 바라보며 바다의 매력을 처음 느껴 보았고, 새벽별들이 내 어깨 위에 내려와 함께 기도했던 추억은 참으로 고맙고 행복했던 시절인연이었다. 그렇게 지극히 기도하며 절에서의 예법과 질서를 익힐 때마다, 내 마음속에는 '불효'라는 두 글자가 나를 반성하게 하고 아프게 했다.

기도 회향을 마치고 집으로 돌아왔을 때 아버지께서는 나를 붙들고 눈물을 흘리셨다. "잘 왔다. 그래, 잘 왔다. 이제 이 애비의 간절한 부탁이니 제발 집을 떠나지 말고 같이 살자."라며 애원하시던 우리 아버지! 나는 가슴이 미어질 듯한 슬픔으로 아버지의 품에 안겨 펑펑 울었고 더는 아버지를 속상하게 할 수 없다는 생각에 집으로 돌아온 것이다.

그 후 어느 날, 묘찬 스님과 도의 스님께서 우리 집으로 찾아와 두꺼운 책을 한 권 주셨는데, 바로 묘법연화경의 한글 번역본 초판이었다. 맨 뒷장에는 공덕을 이루기 위해 상좌스님들이 손가락 여덟 개를 연비한 사진과 함께 기도에 동참했던 내 이름도 올려져 있었다.

지난날을 돌아보니 그때 하루 사분 정근을 지켜야 했던 일도 그리 쉬운 일은 아니었지만, 내게는 새로운 세상을 살았던 소중한 시간이었고 더 열심히 성취하려고 노력했던 순간들이었다. 그때의 묘찬 스님과 도의 스님께서는 이미 오래전에 떠나셨고, 나만 쓸쓸히 옛이야기를 그리워하고 있다.

묘찬 스님(왼쪽에서 세 번째)께서는
일평생 부처님께 온 마음을 다 바쳐 살다 가신 분이셨다.
옆에 계신 분은 강화 보문사 주지스님이셨던 혜원 스님.

정일 큰스님

신도들을 따뜻하게 품어 주시다

정일 큰스님께서는 부산 초량에 자리한 소림사의 주지스님이셨다. 비구니 스님이신 정일 스님은 모든 일을 추진하고 베푸는 일에 어느 누구보다 뛰어난 안목과 성의를 보이셨던 대단한 스님이셨다.

그 시절에는 사찰마다 포교보다는 신도 관리나 기도에만 뜻을 둔 때라서, 부산 지역의 어린이법회나 학생법회, 청년회와 같은 단체들은 장소 문제로 법회를 열기가 쉽지 않았다. 그런데 정일 스님께서는 그 시절에 모든 단체들을 다 품어 주셨고 살펴 주셨던 원력 보살님이셨다.

사중의 스님들은 아이들이 법당을 마구 뛰어다니고 청년들의 발 냄새가 진동한다고 싫어해도, 정일 스님만은 "다 그냥 놔 두거라. 미래에 불교를 이끌어 갈 재목들이니 먹을 것도 챙겨 주고 마음껏 뛰어놀게 그냥 가만히 두어라."고 말씀하셨다. 이렇듯 스님은 더 많은 불자들이 절에 와서 북적이길 바라셨고 다른 곳에서 쫓겨난 단체까지도 다 받아 주셨다.

우리 연꽃모임도 창립한 지 3년째 되던 해인 1980년에 소림사로 옮겨 와서 그 후 40년간 이곳에서 법회를 열게 되었다. 스님의 우렁찬 염불 소리에 신도들은 신심이 절로 난다고 했고, 금강경을 읽을 때면 어떤 경지에 든 것처럼 감동에 젖곤 했다. 당시 일타 스님, 철우 스님, 혜인 스님 등 전국의 내로라하는 큰스님들을 청하여 법회를 하던 곳도 소림사였고, 큰스님들의 녹음 법문도 소림사에서 유행시킨 것이었다.

특히 음력 2월 보름이면 일주일 동안 참회 산림법회를 했는데, 자리를 잡기 위해 노보살님들이 새벽부터 와서 기다렸을 정도로 인산인해를 이루었다. 일주일 동안의 큰 법회를 회향하는 날에는 버스를 열 대쯤 빌려 방생법회를 갔었는데 그야말로 축제 같은 날들이었다. 지금이야 절마다 행사도 많고 법문을 들을 수 있는 기회도 많지만 당시에는 이런 일들이 결코 흔한 일이 아니었다.

스님은 당뇨와 지병이 있어 건강이 좋지 않았음에도, 오래된 절이라 비좁고 비가 새며 쥐들이 들락거리는 법당을 새로 지을

정일 스님께서는 편견과 차별 없는 모습으로 신도들을 따뜻하게 품어 주셨다.

원願을 세우셨다. 그런데 노후된 법당을 철거하고 H빔을 겨우 설치했을 무렵, 여름 홍수가 터지는 바람에 이웃집까지 함께 무너지는 사고가 생기고 말았다. 스님은 이웃의 소송까지 견뎌 내며 8년 동안 이루 다 말할 수 없는 고생을 겪으셨고, 소림사는 기어이 대작 불사를 성취하며 새로이 우뚝 서게 되었다.

그 후 어느 날, 스님께서 시자스님과 함께 우리 집으로 오셔서 내게 신도회장을 맡아 달라고 부탁하셨다. 하지만 나는 한마디로 못 하겠다고 거절했다. 신도회장이라면 모름지기 식견이 있어야 하고, 재력이 있는 남자 신도여야 한다고 말씀드리며 내가 맡을 일이 아니라고 거절했던 것이다. 완강한 내 모습에 섭섭해하시며 돌아서는 스님의 뒷모습을 보며 나는 마음이 너무 아파 혼자서 한참 동안 울었다.

그러다가 2003년 2월, 참회 산림법회가 끝나고 스님 세 분께서 나를 방으로 데리고 가서 다짜고짜 절을 하며 신도회장이 되어 달라고 하시는 것이었다. 너무 놀라고 당황하여 아무 말도 할 수 없어 스님을 일으켜 세웠을 뿐인데, 얼마 후 3월 초하루 법회날 임명장을 만들어 내게 내미셨다. 그렇게 회장을 맡겠다는 말도 하지 않은 상태로 회장이 되어 버린 것이다. 그 후 나는 11년간 회장직을 지내게 되었다. 그리고 정일 스님은 훌륭한 불사를 마쳤는데도 더 오래 머물지 못하시고 세상에 오셨던 생신날에 조용히 눈을 감으셨다.

　소림사에 얽힌 이야기가 하나 더 있다. 내가 처녀였던 시절 소림사에 김 보살님이라는 분이 있었다. (이름은 잘 기억나지 않는다.) 참선하고 기도하며 절에서 평생을 살았다고 했다. 그러다 연세가 많아 돌아가셨고, 평소 소원한 대로 장작으로 화장했다고 한다. 그런데 그 보살님의 몸에서 사리가 나왔다고 전해져 신문과 방송의 뉴스를 본 사람들이 소림사에 몰려들었다. 나도 그때는 소림사가 어딘지도 몰랐을 때라서 물어서 찾아갔었다.

　사리는 법당에 놓인 유리관 속에 나란히 전시되어 있었다. 이마에서 나온 사리는 무게가 느껴질 만큼 크기가 제법 큰 사리였고, 양쪽 팔의 뼈에서 나온 여러 개의 사리는 별사탕 모양으로 오색찬란하게 빛나고 있었다.

　보살님은 평생 남을 귀찮게 하는 일은 하지 않았고 조용한 성품으로 참선과 기도에만 정진하셨다고 했다. 가시는 그날은 영감님 제삿날이었는데, 아들이 없어 따님 집에 가서 제사를 지내고 밤늦게 다시 절로 돌아와 자신의 소지품을 정리해 놓고는 자리에 누워 그대로 가셨다고 했다. 큰스님들이 수행을 잘하여 생긴 결정체가 사리라고 들었는데, 보살님 몸에서 이토록 아름다운 사리를 남기셨다니! 나는 이날부터 불교와 수행, 이 두 가지에 나를 가두어 화두로 삼았다.

혜거 큰스님

스님과 함께한 영광의 순간

 지난 2018년, 나는 '제30회 대한불교조계종 포교대상'을 함께 받는 자리에서 혜거 큰스님을 처음으로 뵙게 되었다. 그전에는 TV 방송에서나 스님을 볼 수 있었고 주로 금강경 법문하시는 모습을 봐 왔을 뿐이다. 한번 뵙기를 늘 원했지만 여러 가지 이유로 친견하지는 못했었다. 그러다가 뜻밖에도 시상식에서, 그것도 감히 같은 상을 혜거 스님과 함께 받게 되리라고는 상상도 못한 일이었다.

 스님과 무대에 나란히 서게 되자 너무나 황송하고 죄송한 마음이었지만, 한편으로는 내 삶에서 이런 영광이 또 있을까 싶어서 감사한 마음이었다. 그 후 스님을 뵙기 위해 서울 개포동에 있는 금강선원에 도반과 함께 간 적이 있었다.

  스님께서는 우리를 반갑게 맞아 주셨고 스님의 옛이야기도 들려주셨다. 열다섯 살 어린 나이에 탄허 큰스님을 은사로 출가하게 되었던 이야기를 하시며, 탄허 스님께 화엄경을 배웠고 염불은 공양주 보살에게서 배웠다고 하셨다. 그리고 도심 포교를 위해 금강선원 공부방을 열게 된 사연과 탄허 스님의 기념관을 짓게 된 일화도 말씀해 주셨다. 스님의 소박한 삶의 이야기와 신심을 들었을 때 나는 아주 옛날부터 스님을 자주 뵈어 온 것처럼 편안했고, 조용조용한 스님의 음성은 참으로 따뜻했다.

  얼마 후 금강선원 주최로 한강 걷기대회가 열렸을 적에도 나는 일부러 시간을 내어 서울로 갔다. 단상에 총무원장 스님과 나란히 앉아 계셨던 스님께서는 나를 보고 반가워하시며 먼 길 와 줘서 고맙다고 하셨다. 스님 덕분에 한강 걷기대회에도 동참할 수 있었던 추억이 되었다.

  스님께서 떠나시고 난 후, 너무나 황망한 마음과 더 일찍 찾아뵙지 못한 아쉬움이 뒤섞여 슬픔이 되었다. 그나마 생전에 이렇게라도 스님과의 인연이 있었음에 감사할 뿐이다.

2018년 '제30회 대한불교조계종 포교대상'에서
혜거 스님(왼쪽)과 함께 대상을 수상하는 영예를 안았다.
가운데는 당시 조계종 총무원장이셨던 원행 스님.

세월의 강물, 법향으로 흐르다 1
불연으로 맺은 서른여섯 큰스님들과의 인연 이야기

초판 1쇄 발행　2025년 12월 11일

지은이　　　대원성 이정옥

펴낸이　　　오세룡
편집　　　　윤예지 손미숙 박성화 김윤미
기획　　　　곽은영 이수연
디자인　　　고혜정 김효선 최지혜
홍보·마케팅　정성진

펴낸곳　　　담앤북스
주소　　　　서울특별시 종로구 새문안로3길 23 경희궁의 아침 4단지 805호
대표전화　　02-765-1251(영업부) 02-765-1250(편집부)
전송　　　　02-764-1251
전자우편　　dhamenbooks@naver.com

출판등록　　제300-2011-115호

ISBN　　　 979-11-6201-568-1 (04220)
　　　　　 979-11-6201-567-4 (04220)세트

정가 16,800원

이 책은 저작권법에 따라 보호받는 저작물이므로 무단 전재와 복제를 금합니다.
이 책 내용의 전부 또는 일부를 이용하려면 반드시 저작권자와 담앤북스의 서면 동의를 받아야 합니다.